信念的力量

新生物学给我们的启示

[美] 布鲁斯·利普顿◎著　喻华◎译

光明日报出版社

图书在版编目（C I P）数据

信念的力量 / (美) 利普顿著 ; 喻华译 . -- 北京 :
光明日报出版社 , 2015.5（2025.9 重印）
书名原文 : The biology of belief
ISBN 978-7-5112-8067-1
Ⅰ . ①信… Ⅱ . ①利… ②喻… Ⅲ . ①信念 – 通俗读
物 Ⅳ . ① B848.4-49
中国版本图书馆 CIP 数据核字 (2015) 第 051201 号
版权登记号：01-2014-8012

信念的力量
XINNIAN DE LILIANG

著　　者：〔美〕布鲁斯 · 利普顿　　译　　者：喻　华

策　　划：双螺旋文化
责任编辑：杨　茹　　责任校对：傅泉泽
特约编辑：唐　浒　申　海　　责任印制：曹　净
装帧设计：郭朝慧　　特约技术编辑：张雅琴

出版发行：光明日报出版社
地　　址：北京市西城区永安路 106 号，100050
电　　话：010-63169890（咨询），63131930（邮购）
　　　　　010-63497501，63370061（团购）
传　　真：010-63131930
网　　址：http://book.gmw.cn
邮　　箱：gmrbcbs@gmw.cn
法律顾问：北京市兰台律师事务所龚柳方律师

印　　刷：固安兰星球彩色印刷有限公司
装　　订：固安兰星球彩色印刷有限公司
本书如有破损、缺页、装订错误，请与本社联系调换，电话：010-63131930

开　　本：145mm×210mm
字　　数：120 千字　　印　　张：7
版　　次：2015 年 5 月第 1 版　　印　　次：2025 年 9 月第 10 次印刷
书　　号：ISBN 978-7-5112-8067-1-01

定　　价：45.00 元

对《信念的力量》的称扬

“布鲁斯·利普顿的书是对新生物学及其所有内涵的最终总结。这本书妙不可言,深不可测,且使人乐在其中。它以巧妙而简约的方式将所有重要的新信息集大成。书页内包含的是对思想和理解的真正革命,这种革命完全彻底,足以改变世界。”

——约瑟夫·奇尔顿·皮尔斯博士,

《神奇的孩子》及《进化的完结》的作者

“布鲁斯·利普顿的杰作《信念的力量》是对今日社会彻头彻尾的物质主义的解药,这一解药需求甚旺。DNA 决定生命中一切发展的观点已在遗传工程中成功应用。与此同时,这种方法的不足之处亦日渐明显。2004 年,《华尔街科学杂志》宣告表观遗传学为重要的新领域。《信念的力量》是对四分之一个世纪以来表观遗传学开创性成果的综述。本书的个人风格使它具有极强的可读性,读来令人愉快。”

——卡尔·H·普里布拉姆,医学博士,

拥有多个名誉博士学位,斯坦福大学名誉教授

“利普顿博士是个天才。他突破性的发现为我们提供了夺回生命主权的工具。对所有愿意为自身及地球命运尽职尽责的

人，我都欣然推荐此书：《信念的力量》。”

——勒瓦尔·布尔顿，演员兼导演

“对于生物有机体与其环境的交界——和表现为人体愈合潜力的思想、知觉和潜意识认知的影响——布鲁斯·利普顿提出了全新的洞见。娓娓道来的事理，顺手拈来的事例，使此书别具一格，是生物学、社会学及医疗保健学专业学生的必读书。同时，条理明晰的演示也使本书成为一般读者乐于接受的读本。”

——卡尔·克利夫兰三世，

手疗师，克利夫兰手疗术学院校长

“利普顿博士革命性的研究揭示了生物学、心理学和精神之间的缺环。如果你想了解生命的最深秘密，《信念的力量》将是一本重要的书籍。”

——丹尼斯·珀曼，

手疗师，The master's circle 创始人之一

“在这本颠覆范式的书中，布鲁斯·利普顿对旧生物学重拳出击。他左击达尔文主义的陈腐教条，右击对抗疗法医学，从物理主义者的窠臼中突破出来，进入心灵/身体（信念/生物学）系统的新天地。必读，好读。”

——拉尔夫·亚伯拉罕博士，

加利福尼亚大学数学教授，《混沌，盖亚，爱神》的作者

“震撼！优雅！简练！用一种易于理解而意味深长的方式，

布鲁斯·利普顿博士呈现的不是其他，而是我们苦苦寻觅的生命和意识之间的'缺环'。因此，他回答了人类历史最古老的问题，解开了最深奥的谜题。我确信，《信念的力量》一书将成为新千年科学的奠基石。"

——桂格·布莱登，
《上帝的代码》和《神的矩阵》的作者

"我怀着深刻的敬意读完此书。对布鲁斯·利普顿博士本人，我怀有同样的敬意。我为他对真理的革命性理解而感动。他既是科学家，又是哲学家。科学家，因为他帮助我们改变文化意识；哲学家，因为他敢于质疑人们对当前现实的本质的信仰。他在帮助人们创造未来。"

——盖伊·F·日克曼，
手疗师，生命大学手疗术学院校长

"《信念的力量》是人类进化的一块里程碑。布鲁斯·利普顿博士以令人惊叹的研究和富于启发性的书籍为我们提供了一种关于人类成长和转化的新的、更清醒的科学。人类不必受限于基因或生物因素，相反，人类面前铺展了一条金光大道，能在'温柔慈爱的上帝之手'的指引下，通过简单转化的信念，释放真正的精神潜力。对有志于投身心灵/肉体活动及治愈术真实本质研究的人士，本书非读不可。"

——约翰·F·德马蒂尼博士，
畅销书《清点祝福》和《突破自我》的作者

“在混乱尘世中，利普顿博士为人类带来澄明。他的著作发人深省，富有洞见，将引导人们对生活提出更高质的问题，因此也帮他们作出更明智的决定。这是我曾读过的最激动人心的书，不容错过。”

——布莱恩·凯利，手疗师，

新西兰手疗术学院院长，澳大利亚脊髓研究基金会会长

“终于，对情绪如何调控基因表现，有了一种令人信服而浅显易懂的解释！阅读此书，才能真正认识到：人不是基因的奴隶，而是命运的主人，人人都能过一种充溢和平、幸福和关爱的生活。”

——约瑟夫·莫可拉，整骨医生，

全球访问量最大的自然－健康网站 www.nercola.com 创始人

“生活方式取决于健康，而非基因。想要从科学的角度了解这一点，本书非读不可。从科学的视角来看，利普顿证明了心灵比药物更能令我们重获健康。这一信息揭示出：保护健康是人的责任，健康不是基因的受害者。我打开本书后，即一气呵成地读完。”

——M·T·摩特，手疗师，

摩特健康系统创始人，B. E. S. T. 技术的研发者

“本书以出色的胆识和见地，以厚实的证据，从量子生物学的角度驳斥了基因决定论——准确地说，是基因受害论。布鲁斯·利普顿博士以坚定的科学信念向读者传达信息，赋予力量，

使读者认识到，信念创造个人现实的一切方面。引人入胜，发人深思！”

——李·普洛斯博士，

哥伦比亚大学名誉教授，《奇迹与现实》及《超越催眠》的作者

“历史将证明《信念的力量》是我们时代最重要的著作之一。布鲁斯·利普顿发现了过去的生物医学与未来的能量疗法之间的缺环。他深入浅出地讲述科学见解，使科学家和其他人都爱不释手。任何人若对健康、物种安宁和人类生命的未来感兴趣，都必须读一读《信念的力量》。书中提出的观点有无穷的内涵和潜力，可改变世界现状。布鲁斯·利普顿的理解能力——与他表达此种能力的简练方式——是纯粹的天才之作。”

——杰拉德·W·克拉姆，

手疗师，生命手疗术西区学院

谨以此书献给

我们共同的母亲

祈愿她原谅我们的一切过错。

献给我自己的母亲，葛莱蒂丝，
她持续不断地鼓励我，支持我。
在我写作本书的二十年间，
她一直耐心等待。

献给我的女儿，坦尼娅和詹妮弗。
无论我身处何种逆境，
这两位美丽的女性，永远对我不离不弃。

特别献给我的爱人，玛格丽特·霍顿，
我最好的朋友，生命的伴侣，我的挚爱。
让我们继续共同追求幸福，
快乐永远！

目　录

序言 ………………………………………………… 1
引言 ………………………………………………… 1

第一章　向细胞拜师学艺 …………………………… 16
第二章　环境才是幕后老大 ………………………… 34
第三章　神奇的细胞膜 ……………………………… 62
第四章　看不见的能量 ……………………………… 82
第五章　生命的秘密——信念 ……………………… 111
第六章　让恐惧见鬼去 ……………………………… 135
第七章　父母千万别闲着 …………………………… 145

后记:精神和科学 …………………………………… 174
补遗 ………………………………………………… 196
致谢 ………………………………………………… 199
作者介绍 …………………………………………… 204

序 言

“假如能变成任何人,那你最想变成谁?”过去,我经常长时间思考这个问题。改变自己身份的想法简直让我昼夜难安,因为,我谁都想做,就是不想做我自己。我的职业还算好,细胞生物学家,医学院教授。但这丝毫不能令我的个人生活有所改观:最乐观的说法,那也是一团糟。我越是费力在个人生活中寻找幸福和满意,便越不满意,越不快乐。痛定思痛,我决定破罐子破摔,向不幸的个人生活俯首称臣。我认定,是命运在捉弄我,而我应该接受命运的安排。该怎样就怎样吧。

1985 年秋天,在一个变革性的时刻,我那消沉沮丧、听天由命的态度得到了改变。我辞去威斯康星大学医学院的终身教职,转到位于加勒比的一所境外医学院任教。这所学校远离主流学术圈,因此,我有机会跳出在墨守成规的学术界大行其道的僵化信念规范,进行独立思考。加勒比海洋深水碧,海中小岛翠绿葱茏。远离象牙塔、与世隔绝的我,经历了一次科学顿悟,它将我从前对生命本质的信念打了个粉碎。

那改变生命的瞬间,发生在我对细胞生理与行为控制机制的研究进行回顾之时。电光火石间,我悟到,细胞的生命是由其物质环境和能量环境所控制的,而不是其基因。基因只不过是用于细胞、组织和器官构造的分子蓝图。而环境却像一个“承包商”,解读、运用那些基因模型,并最终为细胞的生命性状做准备。使生命机制投入运作的,是单个细胞对环境的“认知”,而不是基因。

身为细胞生物学家,我知道,我的洞察对自己的生活和整个人类的生活都会产生巨大影响。我清醒地知道,我们每个人都由大约五十万亿个细胞组成。在职业生涯中,我致力于更深入地了解单细胞,因为,那时与现在的我都深知,对单细胞了解得越透彻,对组成人体的细胞群落便也能了解得更透彻;如果单细胞是由它们对环境的认知所控制的,则由数以亿万计的细胞组成的人体也应是如此。就像单细胞一样,我们生命的特征不由我们的基因决定,而是取决于我们对影响生命的环境信号的反应。

一方面,对生命本质的全新认识使我有如醍醐灌顶。因为,将近二十年来,我一直都在向医学专业学生灌输生物学的中心法则——一种“基因控制生命”的信念。另一方面,这种新认识又并非全然陌生。我之前就常对基因决定论心生疑窦。其中一些疑惑源于我十八年来的由政府出资的克隆干细胞研究。虽然必须挣脱传统学术思想的束缚才能充分意识到这一点,但我的研究提供了无可辩驳的证据:基因决定论,这一生物学界奉为至宝的信条,从根本上就是有缺陷的。

对生命本质的新认识不仅确证了我的干细胞研究,而且,我意识到,它也否认了我曾向学生鼓吹的主流科学的另一个信念——对抗疗法是惟一值得医学院考虑的疗法。通过为基于能量的环境正名,我们可得到一个宏伟的聚合,把对抗疗法、补充疗法的科学依据及实践同古代、现代信仰的精神性智慧联合起来。

从个人层面讲，顿悟瞬间我便知道，我之所以深陷于混乱生活不能自拔，仅仅是因为我相信一塌糊涂的个人生活是命中注定的。毫无疑问，人类有时会以巨大的热情和毅力对错误信仰紧抓不放，就连超理性的科学家也不例外。高度发育、由大脑控制的人类神经系统，便是人类认知远比单细胞复杂的明证。独一无二的人类心智一旦介入，我们便可以选择去从不同角度去感知环境，而不像单细胞，它们的认知更多的是反射性的。

只要改变信念，便能改变生活，这一新发现使我欣喜若狂。我瞬间便浑身充满了力量，因为我意识到，这是一条以科学为基石的光明大道，它会带我逃脱经年的“受害者”身份，把我引向新的位置，变成命运的共同缔造者。

那个神奇的加勒比之夜距现在已有二十多年了。在此期间，生物研究不断确证我在那个清晨所获得的认知。今天，代表了生物医学研究最重要方面的两大科学新领域，也证实了我在《信念的力量》中提出的结论。

首先，细胞信号转导科学致力于研究生化通路，通过这些通路，细胞对环境信号作出反应。环境信号会引发细胞质突起，这些细胞质突起能改变基因表达，从而支配细胞命运、影响细胞活动、控制细胞生存，甚至将细胞置于死地。信号转导科学认为，生物的命运和行为与其对环境的感知直接联系。简而言之，我们生命的特征奠基于我们对生活的理解。

其次，表观遗传学，一门字面意思为“基因以外的控制”的新科学，已经彻底颠覆了我们对基因控制的惯常理解。表观遗传学这门科学研究环境信号如何选择、调整和规范基因活动。

这种新的认识揭示出:我们的基因常在对生活经历的反应中被改造。这又强调了我们对生活的感知可塑造我们的生命历程。

本书初版几个月后,《自然》这本最负盛名的科学杂志上发表了一篇文章,揭示了激动人心的表观遗传学新见解,描述了环境如何控制干细胞的基因活动。这恰巧和我在本书第二章提出的主题和结论都雷同。该章节题目是"环境才是幕后老大",而更近发表的《自然》论文题为"生态才是幕后老大"。不得不说,这一事实令我啼笑皆非。实质上,我们的说法完全相同!

一些科学家在评论本书时问道:"这本书有什么新意?"前沿科学家对此书中提及的概念很熟悉,这是好事。问题是,事实上,百分之九十九以上的人都还被蒙在鼓里,依然遵循陈旧的、消解力量的信念来生活,认定自己是基因的受害者。

科学研究者可能熟知这种对认知的真正变革性的转变,但这些全新见解仍有待于在大众中深入人心。媒体恶化了这种情况,刊播层出不穷的故事来误导大众。在这些故事中,人们假定确认了某种控制这个癌症那个病痛的基因。因此,本书的意图在于阐释表观遗传学这种前沿科学的意义,使普通受众也容易理解。我衷心地希望你能认识到,许多推动你生命的信念其实是错误的,且令你作茧自缚;我也希望本书能鼓舞你去改变那些信念。若能从科学层面上了解细胞如何对你的思想和感知作出反应,将会照亮你的个人完善之路。从新生物学中得到的启示,将会使意识、物质和奇迹的力量尽情爆发。

《信念的力量》是本关于激发自我潜能的书。书中的信息提供了关于自我的知识,从这种知识中会生发出控制你生活的能量。

这个信息是强大有力的，我知道是这样。我用这种认知创建的生活远远比我之前的生活更丰富、更令人满意。我再也不问自己“假如能变成任何人，那你最想变成谁”，因为，现在，答案根本无须思考：我最想做的，是我自己！

引 言

那一年我七岁。在诺瓦克太太的二年级教室里，我站到一个小盒子上。我的眼睛恰好够到一台显微镜的镜头和目镜。哎呀，我凑得太近了，除了一圈白光，什么也没看到。最后，我冷静下来，听从指示，从目镜上退后了一点儿。然后，我就看到了。后面发生的事意义极其重大，它奠定了我的生活之路。一只草履虫游进视线内。我完全被迷住了。其他小孩的吵闹声消失了，新学期新削的铅笔、新蜡笔、罗伊·罗杰斯牌塑料铅笔盒的气味，也都统统消失了。我的全部身心都被这只草履虫所呈现的异域世界摄住了。对我而言，这个细胞比今日的电脑动画特效电影更令人激动。

在我纯真的童心里，我并没有把这个生物看成一个细胞，而是看作一个微小的人，一个会思想、有感情的人。在我眼中，这个微型的、单细胞的生物不是漫无目的地四处游荡，而是要去执行一个任务，虽然我不知道那是什么样的任务。当它忙碌地四下走动时，我安静地透过它的"肩膀"观察它。正当我全神贯注于这只草履虫时，一只瘦长变形虫的一个巨大伪足慢慢地进入了视野。

就在此时，我对小人国的探访骤然结束了。葛兰，班上的小霸王，使劲地把我拉下小盒子，说轮到他来看显微镜了。我试图引起诺瓦克太太的注意，希望葛兰的犯规行为会给我一个罚球机会，让我在显微镜前再看上一分钟。但那时离午餐时间仅有几分钟，其他排队等待的小孩都吵嚷着要看。放学后，我立即跑回家，激动地向妈妈描述了我的小人国历险记。我把二年级学生所具有的最好的游说能力都发挥出来，开始是要求，然后是恳求，最后是甜言蜜语，终于让妈妈答应给我买一台显微镜。之后，我常在显微镜前度过好几个小时，在这个通过光学奇迹而进入的奇幻世界中心醉神迷。

后来，在研究生院，我进一步用上了电子显微镜。较之于传统的光学显微镜，电子显微镜的优点是放大倍数高出数千倍。这两种显微镜的区别，就类似于标价二十五美元供游客观赏美景的观测望远镜与在轨道上环绕地球并传送外层空间图像的哈勃太空望远镜的区别。对于一个有雄心壮志的生物学家来说，进入实验室电子显微镜房的过程仿佛是个盛大仪式。你由一扇黑色旋转门进入，这扇门和那些把摄影暗房和明亮工作区域隔开来的门相似。

我至今记得第一次踏进旋转门并开始转动它的情形。我处于两个世界之间的黑暗地带：过去的学生生涯和未来的科学研究者生涯。当门停止转动后，我被送进一个巨大的黑暗的房间，房间里仅有几个红色摄影安全灯微弱地亮着。当我的眼睛适应了昏暗的光线后，我渐渐被眼前的景象震惊了。一个电磁透镜高高升到房间中央的天花板上，红光诡异地反射在它巨大的、足有一英尺厚的铬钢圆柱的镜面上，巨大的控制台从圆柱基底两侧伸展开去。这个控制台活像波音 747 飞机的仪表板，到处是开关、发光仪表和五颜六色的指示灯。一堆堆巨型触角状的厚厚的电源线、水管、真空线从显微镜底座上四散开去，仿佛一棵老橡树底部的主根。真空泵发出的叮叮当当声、冷却水再循环器的呼呼旋转声不绝于耳。就我所知，我还以为闯入了进取号联邦星舰的指挥甲板上[①]。很显然，柯克舰长今天休假了。因为坐在控制台上的是我的一个教授，他正全神贯注地进行一项精细操作，把一块组织标本放入钢柱中的一个高真空室。

时间一点点过去，我体验到一种熟悉的感觉，仿佛又回到了二年级时我第一次见到细胞的那一天。终于，在塑料切片上，一个绿色的发光图像出现在磷光荧光屏上。在黑暗背景下，塑性切片中的细胞几乎难以辨出。它们被放大至原型的三十倍左右。接着，放大倍数开始逐级增加，最初是一百倍，然后是一千倍，最后是一万倍。当我们最后点击曲速引擎[②]，细胞被放大到超过原型的十万倍。这的的确确是一次星际迷航，但我们进入的不是外层空间，而是"人迹未至"的内太空。前一时间我还在观察一个微型细胞，而几秒之后，我已经飞进了它的分子结构深处。

能够站到科学领域前沿，我的敬畏之情难以言表。当我被任命为名誉副驾驶员时，也是异常激动。我把手放在操作台上，因此，我能在这片细胞的异域领空内飞翔。我的教授便是导游，他向我指出各种重要的地标："这里是一个线粒体，那里是一个

---

① 进取号联邦星舰（U. S. S. Enterprise）：美国系列科幻影片《星际迷航》（Star Trek）中出现的重巡航舰，有先进的装备和强大的武装，舰长是詹姆斯·柯克（James Kirk）。

② 曲速引擎（Warp drive）：在科幻影片《星际迷航》（Star Trek）的虚拟宇宙中，曲速引擎是一种超光速（faster－than－light，FTL）的推进装置。

高尔基体,那边有一个核孔。这是一个胶原蛋白分子,那是一个核糖酸小体。”

我把自己想象成一个开拓者,穿越无人曾见的领土,感觉热血沸腾。光学显微镜使我认识到细胞是有感觉的生物,但电子显微镜才真正使我与分子面对面,而分子正是生命本身的基础。我知道,在细胞结构内,埋藏着深入了解生命秘密的线索。

在一个短短的瞬间,显微镜的舷窗变成了水晶球;在荧光屏的怪异绿光中,我看到了我的未来。我知道,我将要成为一个细胞生物学家。我将致力于精细研究细胞超显微结构的每一个细微差别,以获得对细胞生命秘密的深入洞察。我更早前在研究生院也学到,生物机体的结构和机能归根到底是密不可分的。把细胞的显微解剖和它的行为联系起来,我肯定可以窥见自然的本质。从研究生、博士后研究阶段到医学院教授生涯,我用所有醒着的时间来探索细胞的分子解剖。因为,紧锁在细胞结构中的,是细胞机能的秘密。

对“生命秘密”的探索把我领入了研究生涯,研究在组织培养中生长的克隆人类细胞的性状。和电子显微镜第一次亲密接触的十年后,我变成了著名的威斯康星大学医学院的终身教员。我因克隆干细胞研究获得国际公认,也因教学技能而美名在外。我用上了更强大的电子显微镜,它使我可以进行三维的计算机断层扫描——就像在生物机体内穿行,我与分子迎面相遇,而它们正是生命本身的基础。虽然研究工具更为高级,但我的研究方法并未改变。我从未丧失七岁时便拥有的信念:我所研究的细胞,其生命是有目的的。

不幸的是,对于自己的生活,我却没有类似的信念。我不信上帝,虽然我承认偶尔会感受到上帝的存在,这个上帝用极端黑色的幽默感施行统治,故意为难别人。说到底,我是一个传统的生物学家,对我来说,上帝是否存在是一个多余的问题:生命是盲目机遇的结果,是任意发牌的结果,或者更精确一点,是基因骰子胡乱摇动的结果。从查尔斯·达尔文时代开始,我们这个领域的格言便是:“上帝?我们不需要腐烂发臭的上帝!”

达尔文并不否认上帝的存在。他仅是意指,造成地球上生命的性状的,是机遇,而不是上帝的干涉。在1859年发表的《物种起源》中,达尔文说道,个体的特质会被父母遗传给孩子。他提出,父母传递给孩子的“遗传因素”控制着个体生命的性状。这一见解使科学家们陷入一种狂热状态,他们都力图把生命分解成分子级别的基本要素,因为在细胞的结构中可找到控制生命的遗传机制。

五十年前,詹姆斯·沃森和弗朗西斯·克里克①描述了组成基因的物质——DNA双螺旋的结构和功能,使这种搜寻有了辉煌的成果。科学家最终弄明白了达尔文在十九世纪便写及的“遗传因素”的基本特征。通俗小报大肆宣扬遗传工程的美丽新世界即将来临,人类已看到试管婴儿和魔弹医疗的美好前景。在1953年那个值得纪念的日子②,巨大的粗黑体头条充斥着报纸头版:“生命秘密被发现。”对此我至今记忆犹新。

---

① 詹姆斯·沃森(James Watson)和弗朗西斯·克里克(Frncis Crick):二人都是美国分子生物学家,二十世纪分子生物学的牵头人,共同发现了DNA的双螺旋结构。

② 1953年4月25日,詹姆斯·沃森和弗朗西斯·克里克在《自然》杂志上发表了一篇论文,提出了脱氧核糖核酸(DNA)的双螺旋结构。这个发现标志着分子生物学的正式诞生。

像小报一样，生物学家们都跳入了基因大潮。DNA 控制生物生命的机制变成了分子生物学的中心法则，赫然印刷在教科书上。在“遗传与环境”旷日持久的争论中，钟摆明确地偏向了遗传。最开始，人们仅认为 DNA 对身体性状负责，但是接着，人们开始相信，基因同样也支配我们的情感和行为。因此，如果一个人降生时幸福基因有缺陷，那他就得准备过不幸的生活。

很不幸，我想我就是一个那样的人，受害于幸福基因的缺失或变异。我在命运接二连三的无情打击下筋疲力竭，步履蹒跚。我父亲在和癌症作了长期的痛苦斗争后去世了。我是他的主要照顾者，之前的四个月中，我每三天或四天就在工作地威斯康星大学和纽约的父亲家之间往返一次。照顾父亲之余，我努力坚持研究项目、教书，还为美国国立卫生研究院写了一个宏伟的改造计划。

仿佛为了加重我的身心压力，我当时还陷身于破坏情绪、花费高昂的离婚过程中。司法体系简直索求无度，我的财力迅速耗尽。经济困难，无家可归，我发现自己流落在一个公园内，仅有一个手提箱随身。大部分邻居都希望能“升级”居住条件，到活动房屋停放场去找栖身之所。我的隔壁邻居颇令我心惊。在入住的第一个星期，我的“公寓” 便被人破门而入，新买的立体音响系统不翼而飞。一星期后，身高六英尺、身宽三英尺的布巴敲开了我的门，一手提着瓶啤酒，一手则用一颗价值十美分的钉子剔牙。他问我，是否有录音机磁带驱动器的使用指南。

最糟糕的还是那一天，我将电话机从办公室的玻璃门扔出去，把写着“布鲁斯 · H · 利普顿博士，解剖学副教授，威斯康星大学医学院”的标牌砸个粉碎，同时还高声尖叫着：“让我出去!”接到银行职员的一个电话后,我更是彻底崩溃了。他彬彬有礼地但是语气坚定地告诉我,他不能同意我的抵押借款申请。这真像《母女情深》里的场景[1]——对于丈夫希望取得租用权,黛布拉·温格巧妙地回应道:“我们现在没有足够的钱来付账。租用权的所有含义就是我们永远也不会有足够的钱!”

细胞的神奇力量——似曾相识

幸运的是,我得到一个学术研究休假机会,得以到加勒比的医学院去逃避现实。我知道所有问题都不会在那儿消失,但是,当喷气机穿越芝加哥上空的灰色云层时,我感觉如释重负。我咬着脸颊内侧,以防脸上的微笑发展成响亮的大笑。我像七岁那年第一次发现毕生的至爱细胞的神奇力量时那么高兴。

六人容量的短程客机把我带到蒙特塞拉特,加勒比海中的弹丸之地。我的情绪更加高昂了。如果真的有伊甸园,它很可能就像我在小岛上的新家园。它像一块巨大的多棱翡翠,从闪亮的蓝色大海中喷薄而出。当我们着陆时,习习微风轻轻拂过机场的柏油碎石路面,送来淡淡的栀子花香,令人陶醉。

当地人有个习惯,在日落时分进行静思。这一习惯我欣然接受。每个白天,我都期盼日落时那绝美的光线变幻。我的房子坐落在高出海面五十英尺的悬崖上,正对着西方。一条弯曲的小径穿过树木覆盖的山洞,把我领向海边。在洞穴的底部,一

① 《母女情深》(Terms of Endearment),或译《亲密关系》,美国影片,第五十六届奥斯卡最佳影片。

个出口显露了一片隐蔽的海滨。在那儿，我改进了迎接日落的仪式，在温暖的、杜松子酒一般清澈的海水游动几圈，作为一天的结束。游泳之后，我把沙滩上的沙子堆成舒服的躺椅造型，然后斜躺下来，看着太阳慢慢落入海中。

在那个偏僻的小岛上，我远离大城市的勾心斗角，可以摘下现代文化教条式信仰的眼罩来看世界。最开始，我时常回顾、检讨我那彻底失败的生活。但是很快，我心智中的席斯科和伊柏特[①]停止了对过去四十年生活的指指点点。我开始重新体验活在当下、享受现在的滋味。我慢慢找回了孩提时代那无忧无虑的感觉，重新感受活着的乐趣。

生活在那个世外桃源般的小岛上，我变得更像个人，也更富有人情味。我也成为了一个更好的细胞生物学家。几乎所有我之前接受的科学训练都在刻板沉闷的教室、演讲大厅和实验室里进行。然而，沉浸在加勒比丰富的生态系统中后，我开始把生物学当成一个活的、呼吸着的整体系统来看待，而不是同居于地球上的一系列单独的物种。

我静静地坐在花园般的小岛丛林中，或带着呼吸管在珠宝一般绚丽的珊瑚礁中潜水。这些活动像一个窗口，让我看到小岛上令人惊叹的动植物的整体融合。它们都生活在一个脆弱的、动态发展的平衡中，不但和其他生物同处，也与自然环境共存。当我坐在加勒比的伊甸园中时，听到的是生命的和谐之音，

---

① 金·席斯科（Gene Siskel）、罗杰·伊柏特（Roger Ebert）是二十世纪八十年代美国著名的影评人，二人共同主持的《席斯科和伊柏特的电影世界》（Siskel and Ebert：The Movies）是当时很受欢迎的电视节目。

而非斗争号角。我确信,现代生物学对合作的重要性注意得太少了,因为达尔文学说根基强调的是生命的竞争性。

回到威斯康星时,我变成了一个极端激进分子,热衷于质疑生物学神圣的基础信念。这使我的美国学院同事很恼火。我甚至开始公开批评查尔斯·达尔文和进化论中的真理性。在绝大多数其他生物学家看来,我的行为无异于一个牧师冲进梵蒂冈宣称教皇是个骗子。

我辞去终身教职,加入一个摇滚乐队,实现了我的夙愿,并动身踏上音乐之旅。我的同事猜想我是被椰子砸中了头神志不清了。他们这样想也情有可原。我发现了雅尼,他后来变成了炙手可热的大明星。我和他一起举办了一场激光音乐会。但很快我就明白,比起开摇滚音乐会,我在教学和研究上更有天资。我放弃了音乐事业,回到加勒比去教细胞生物学,逐步结束了我的中年危机。关于这场痛苦的危机,我将在后面章节中详述。

我在传统学术界的最后一站是斯坦福大学医学院。在那时,我已是一个勇敢的"新"生物学拥护者。我不仅质疑达尔文的"狗咬狗"进化论,而且也质疑生物学的中心法则,即基因控制生命的假设。那一科学假设有一个重大缺陷——基因并不能开启或者关闭自身。用更科学的术语来说,基因并非"自我管理"的,必须有环境中的某种事物来激发基因活动。虽然前沿科学已经确定了这一事实,但,被遗传教条蒙蔽了双眼的传统科学家对它视而不见。我对中心法则直言不讳地提出挑战,这更使我成为科学异教徒。我不但应当被逐出教会,也应当被绑在火刑柱上烧死!

在斯坦福的面试讲课中,我发现自己在谴责前来听讲的学校老师。他们中有许多都是国际公认的遗传学家。我说,他们比宗教原教旨主义者好不了多少,虽然中心法则已被证实有误,他们还是紧抓中心法则不放。当这亵渎神明的评论结束后,讲堂里爆发出愤怒的咆哮声。我还以为我的工作申请就这样完了。事实相反,我关于新生物学机制的见解引起了校方的足够兴趣,我被聘用了。在斯坦福,我得到了几个卓越的生物学家的支持,尤其是病理学系系主任克劳斯·本驰博士。他们鼓励我坚持观点,并将这些观点应用于克隆人类细胞的研究中。令大家惊奇的是,我所假设的生物学另类观点得到了实验的充分支持。在这一研究的基础上,我发表了两篇论文,然后离开了学术界。这一次,是永别。

我选择离开,是因为虽然在斯坦福获得支持,但我感到很多人对我的话充耳不闻。我离开后,新的研究成果持续不断地确证我对中心法则及对 DNA 控制生命的怀疑。事实上,表观遗传学,这门研究环境控制基因活动的分子机制的学科,已是今日科学研究中最为活跃的一个领域。环境对基因活动的调控作用近来受到强调,而我在二十五年前的细胞研究中就已以此为焦点,远早于表观遗传学这一领域的建立。这令我心智愉悦,但我知道,如果我还在医学院教书或研究,我的同事仍会怀疑我是否被椰子砸坏了头脑。因为在上个十年间,以学术界的标准来判断,我甚至更激进了。我对新生物学的执著投入不仅仅只是一种智力活动。我相信,细胞不仅教给我们生命机制,也教我们如何去过丰富充实的生活。

在象牙塔科学中,这种思想方法无疑会因像细胞一样思考的拟人论，或更准确地说，拟细胞论，为我赢得“怪医杜立德”①的美誉——但在我看来，这是生物学的基本道理。你可以认为自己是一个独立的个体，但作为一个细胞生物学家，我可以告诉你，实质上，你是一个由大约五十万亿个细胞公民组成的协作群落。几乎所有组成人体的细胞都是变形虫一样的个体生物，它们进化发展出了一种合作策略，以求共同生存。用基本术语来概括，人类不过是“集体变形虫意识”的结果。正如一个国家会反映其公民的特征，我们的人类身份也一定会反映人体细胞群落的基本性质。

铭记细胞的教训

用这些细胞群落作为角色模型，我得出结论：我们不是基因的奴隶，而是命运的主人，能够创造充满和平、幸福和关爱的生活。听众曾问我：“为何你的发现并未使你自己更快乐？”听到这种揶揄后，我在自己的生活中试验了这个假设。听众是对的，我需要把我的新生物学认知融入到日常生活中去。一个阳光明媚的星期天早晨，在新奥尔良，一个咖啡馆女招待问我：“亲爱的，你是我所见过的最快乐的人。告诉我，小朋友，为何你这么开心？”于是我知道，我成功了。我对她的问题大吃一惊，但仍不假思索地脱口而出：“因为我生活在天堂！”女招待不住地摇头，嘴里嘟哝着：“上帝啊，上帝。”然后，来拿我的早餐订单。可这是真

① 杜立德：美国影片《怪医杜立德》(Dr. Dolittle)的主人公。该片讲述约翰·杜立德医生的奇怪经历。

的，我很快乐，比我生命中任何时候都更快乐。

对于我宣称地球即是天国，一些批判性的读者可能会提出质疑。他们的质疑不无道理。因为，根据定义，天国是神的居所，是受到天眷的死者的归宿。难道我真的认为新奥尔良，或者任何其他大城市，是天国的一部分？衣衫褴褛无家可归的妇人和小孩栖身于小巷；空气如此浊重，人们永远不确定星星是否真的存在；河流和湖泊污染严重，只有想象中的“怪物”才能在其中存活。这样的地球，是天国？神仙们就住在这种地方？说这话的人，他认识神？

这些问题的答案是：是的，是的，我相信我确实住在天国。非常诚实地说，我必须承认，我本人并不认识那些神，因为我并不认识你们所有的人。看在上帝的份上，你们的人数可是超过了六十亿。更为诚实地说，我也并不认识植物和动物王国的所有成员，虽然我相信它们也同样是上帝的组成部分。

在《工具时间》中，蒂姆·泰勒①有一句经典台词：“倒倒倒……倒车！他说人就是上帝？”

呃……是的，我是这样说的。当然我并不是第一个这样说的人。《创世纪》中明明白白地写着，我们是按照上帝的形象被创造的。是的，我这个绝对正宗的理性主义者正在引用耶稣、菩萨和鲁米②的话。绕了一大圈，我的还原论者的、科学的生命观变成了精神生命观。我们是按照上帝的形象被创造的。如果我

---

① 《工具时间》(Tool Time)是美国一个颇受欢迎的工具介绍节目。蒂姆·泰勒(Tim Taylor)是节目中一个主持人的名字。

② 鲁米，全名 Molana Jalaluddin Rumi，十三世纪伊斯兰教苏菲派神秘主义诗人、教法学家。联合国教科文组织宣布 2007 年为“国际鲁米年”，以纪念其出生八百周年。

们想提高身心健康,就必须把精神放回到这个形象中去。

因为,我们不是软弱无力的生化机器,每次当心理或身体出问题时,服用一粒药丸并不能解决问题。药物和外科手术不被过度使用时,是强有力的工具。但简单的药物修复观点从根本上就是错误的。每当一种药物被引进体内以纠正某种功能,就不可避免地要使其他功能失去平衡。控制我们身体和心灵的,不是基因介导的荷尔蒙和神经递质;是我们的信念在控制我们的身体、心灵,因此也控制我们的生活……啊,你这伟大的信念!

僵化规范之外的光明世界

在本书中,我划了一条线,以表明我的立场。在线的一边,是新达尔文主义者的天下,他们把生活说成是生化机器人之间的无尽战争。线的另一边是"新生物学",生活被描述为强大个体间的合作旅程。这些个体能调整自身,创造充满欢乐的生活。如果越过这条线,真正理解了新生物学,我们便不会再为遗传和环境的角色唇枪舌剑地争论不休,因为我们会认识到,有充分意识的心灵既胜过遗传,也胜过环境。而且我相信,就像"地球是圆的"这一事实初次引入"世界是平的"的文化时一样,我们将经历一场深刻的人性范式改变。

尊敬的读者啊,如果你担心此书会是高深莫测的科学讲座,请不要害怕。当我还是学术界一员时,令人发痒的三件套装、令人窒息的领带、一本正经的皮鞋、无休无止的会议都令我痛苦烦躁,但是,我喜欢教书。离开学术圈后,我得到了足够多的教学实践;我已经把新生物学原理向全世界成千上万的人进行了演示。通过这些讲授,科学演示语言已被提炼为浅显易懂的文字,辅以五颜六色的图表进行阐释。这些图表有许多在本书中可以见到。

在第一章,我讨论“聪明的”细胞,讨论它们为何能、如何能教我们那么多有关人类身体和心灵的知识。在第二章,我将列出科学证据,以示基因并不控制生物学。我也向读者介绍表观遗传学中激动人心的发现,这个生物学新领域揭开了一个谜底,弄清了环境(自然)如何在不改变基因编码的前提下影响细胞行为。这一领域正在解开包括癌症、精神分裂症在内的疾病本质的新难题。

第三章说的是细胞的“皮肤”——细胞膜。对于含有 DNA 的细胞核,你肯定比细胞膜听说得更多。但是,前沿科学正在更详细地揭示我二十年前得出的结论,即细胞膜是细胞核运作的真正大脑。在第四章,我讨论振奋人心的量子物理学发现。那些发现对于了解和治疗疾病有重大意义。然而,令人沮丧的是,恪守陈规的医疗机构尚未将量子物理学吸收到研究中或医学院培训中。

在第五章,我解释为何本书命名为《信念的力量》。积极的思想能对行为和基因产生深远影响,但仅当这些思想与潜意识编程和谐统一时才会如此。消极思想具有同样强大的效果。认识了积极信念和消极信念如何控制我们的生物学,我们就能用这些知识来创造健康快乐的生活。至于第六章,则揭示了为何细胞和人都需要生长,以及恐惧如何阻碍生长。

第七章着重讲述有意识的培育。作为父母,我们需要了解我们在编译孩子信念这一过程中的作用,及了解那些信念对孩子生活所产生的巨大影响。无论你是否为人父母，这一章都很重要，因为，我们都曾是孩子，深入了解信念编译以及它对生活的影响，会给我们以深刻启示。在后记中，我回顾了对新生物学的理解如何引导我认识到把精神领域和科学领域融合起来的重要性。鉴于我的不可知论科学家背景，这是一个根本性的转变。

无需遗传工程的帮助，无需迷醉于药物，只需有意识的心灵，便可创造充满健康、快乐和关爱的生活，你是否已经准备好了？把人体当做生化机器的医学模式提供了一种现实，你是否已经准备好拒绝这种现实，代之以另一种现实？不用买任何东西，也不用玩弄任何心计，只需暂停从科学和媒体机构得来的古老信念，以便能细想尖端科学提供的激动人心的新认知。

第一章

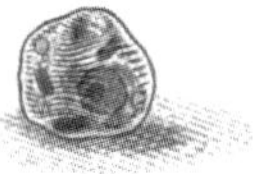

向细胞拜师学艺

在加勒比的第二天，我站在一百多个医学院学生面前。他们明显紧张不安。我猛然意识到，不是每个人都把这小岛视为逍遥自在的避难所。对于这些急切的学生，蒙特塞拉特并非逃避现实的和平乐土，而是他们实现医生梦想的最后机会。

从地理上来说，我班上的成员都属同类，因为大部分是从东海岸来的美国学生。但他们出于各个种族和年龄，其中包括一个高龄六十七岁但渴望生命更充实的退休人员。他们的背景同样五花八门——从前的小学教师、会计、音乐家、尼姑，甚至还有一个毒品走私犯。

虽然有以上区别，但这些学生有两个共同特点：第一，美国医学院招收学生的名额有限，需要进行选拔，而他们都在竞争白热化的选拔过程中被淘汰出局了。第二，他们都是“奋斗者”，下定决心要做医生——他们决不愿意失去证明自己具有相应资质的机会。大多数人都用掉了毕生的积蓄，或为了交学费及居于国外的额外费用而签订不平等契约。许多人发现自己平生第一次孤独无依，背井离乡，抛妻别子。他们忍受着那个校园里最无法忍受的居住条件。但即便面临各种障碍和不利条件，他们也决不会放弃对医学学位的追求。

反正，到第一堂课开课为止，情况就是这样。在我到达之前，学生们有过三个不同的组织学/细胞生物学教授。第一个老师在开学三个星期后，为处理个人问题而逃离小岛，把学生弃之不理。学校迅速找到一个适当的替代者；他力图收拾残局，但不幸的是，三个星期后他也走了，因为他生病了。接下来的两个星期，一个本来负责另一领域研究的教员来上课，给学生们照本宣科。这明显把学生们闷坏了，但学校也得完成任务，为该课程提供规定的课时。学校的毕业生若想在美国执业，就必须满足美国医生资格考核者设置的学术先决条件。

同一个学期，疲惫不堪的学生们第四次来听新教授讲课。我简短地说了我的背景和我对课程的安排。我说得很清楚，虽然他们是在外国，但我对他们的期望不会低于对威斯康星的学生。他们也别指望我会要求更低。因为，若想获取资格证，无论在哪儿上的医学院，所有医生都必须通过医学主管部门的考试。接着，我从公文包中拿出一捆试卷，告诉学生们，要进行一个自我评估的小测试。学期刚刚过半，我期望他们对半数的指定课程材料会比较熟悉。这份在课程第一天分发的试卷由二十个问题组成，这些问题都是直接从威斯康星大学的组织学期中考试中拿过来的。

测试的开始十分钟，教室里静得一根针掉下来都听得到。接着，学生们开始烦躁不安，一个接一个，比伊波拉病毒的传播还快。在二十分钟指定的考试时间结束时，全班同学都因惶恐而睁大了眼。我宣布“时间到”，大家被压抑的紧张爆发出来，都开始激动不安地交谈。我让他们安静下来,开始宣读答案。读开始五六个答案时,有人发出闷闷不乐的叹息。当我读到第十个问题时,接下来的每个答案后都跟着痛苦的呻吟。班上的最高分是答对了十个,第二名答对了七个,而其他同学中绝大多数也答对了至少一两个问题。

当我抬起头时,看到的是惊呆的、不知所措的脸。这些"奋斗者"发现自己处于非常不利的地位。一个学期已经过掉大半了,但他们不得不从头学习这门课程。学生们被笼罩在忧郁的阴影中,他们中的大多数人已经打算在一些要求极高的医学院科目前退缩。瞬间,忧郁变成了安静的绝望。在巨大的沉默中,我和学生们面面相觑。我体验到一种永恒的痛——这些学生整体看起来就像一副绿色和平组织的宣传图片,图片中是被丧尽天良的皮毛交易商棒杀之前的大眼睛的小海豹。

我的心缩紧了。也许,咸味的空气和甜美的花香已经让我更大度。无论如何,出乎自己的意料,我听到自己宣布:只要学生们承诺付出相应努力,我就会让每个学生都为期末考试做好充分准备;这是我的个人承诺。当他们意识到我是真心为他们的成功而承诺时,我看到了他们之前还充满惊恐的眼中闪烁的光芒。

我感觉自己像一个备战的教练,指挥全队为了总决赛而加倍努力。我告诉学生们,他们完完全全就和我在美国教过的学生一样聪明。我说,美国那边的同伴只是更善于死记硬背,是死记硬背让他们在医学院入学考试中取得更好分数。我同样非常努力地说服学生们,组织学和生物细胞学并非是很难的课程。我解释道,自然是简洁从容的,运用的是非常简单的运作原理。

我承诺他们将会真正理解细胞，而不是仅仅记住事实和数字，因为我会把所有简单原理中最简单的原理展示给他们看。我还会在晚上补课，不过，在排满课程和实验的漫长一天后，晚上补课会使他们体力负担更重。听了我长达十分钟的鼓舞动员谈话，学生们被打足了气。他们冲出教室，斗志昂扬，下定决心不被考试体制打垮。

学生们离开后，我意识到了承诺的严重性。我开始感到疑虑。我知道，有相当一部分学生对于上医学院确实是不合格的。其他许多学生是有能力，但他们的背景却没有为迎接挑战做好准备。我害怕我的小岛田园诗会堕落成狂乱费时的学术混战，学生和我这个老师，都会以失败告终。我开始想念在威斯康星大学的工作；突然之间，那工作看起来易如反掌。在威斯康星大学，组织学/细胞生物学课程大约需要五十堂课，而我只用上其中八堂。解剖学系有五个成员分担授课任务。当然，我负责收集所有的授课材料，因为我参与了和这些课时内容有关的实验项目。我要回答学生提出的所有与课程相关的问题。但是，了解材料和根据材料跟授课可是不同的！

我有一个为期三天的周末来竭力处理我自己造成的艰难局面。如果是在家里遇到这种危机，我的 A 型性格便会让我知难而退。有趣的是，当我坐在水池边看着太阳落入加勒比海中时，潜在的焦虑变成了激动人心的冒险。我为这个事实而激动不已：在教学生涯中，我第一次独自为一个主修课目负责，而不必受团体教学计划的形式和内容限制。

细胞，微型的人

后来的事实表明,那个组织学课程是我整个学术生涯中最兴奋也是最殚精竭虑的时期。我自由地运用我想用的教学方式,并大胆尝试了一种处理教学材料的新方法。这一方法我已经在脑海中酝酿了好几年。我为这一想法着迷:把细胞视为"微型的人"会让细胞的生理机能和行为更容易理解。我仔细考虑该课程的新结构,摩拳擦掌,跃跃欲试。将细胞生物学与人类生物学交叉研究的想法,再次点燃了我孩提时就体验到的科学灵感。身为终身教职员,我不得不陷身于行政性琐事,包括没完没了的会议和对我来说不啻为折磨的教职员工聚会。但是,在研究实验室中,我仍然感受着那种激情。

我倾向于认为细胞像人,因为,在显微镜后站了多年后,培养皿中那些最初从解剖学上看起来结构简单、四处移动的细胞,其复杂性和力量已令我自觉渺小。你可能在学校学到过细胞的基本组成要素:含有遗传物质的细胞核,产生能量的线粒体,外缘的保护性细胞膜,线粒体与细胞膜之间的细胞质。但是,在这些从解剖学而言看似简单的细胞里面,包含的是一个复杂的世界;这些聪明的细胞应用了科学家尚未充分了解的技术。

把细胞当做微型人的想法我已深思熟虑,但大多数生物学家可能都会斥之为异端邪说。将任何人类之外的事物与人类行为相联系,以图解释该事物的本质,这被称为拟人论。"真正"的科学家将拟人论视为不可饶恕的罪过,并排挤在工作中明确运用拟人论的其他科学家。

然而,我相信,我有充分理由打破正统观念的教条。科学家观察自然,在脑际中构思事物如何运作的假设,以此获得科学理解。然后,他们进行试验,以测试他们的假设。提出假设、进行试验都必然要求科学家去“想”细胞或其他生物的生活。假如运用这种“人”的解决方案,即以人类的视点来解决生物学谜题,科学家就会不自觉地犯下拟人论的罪行。无论你如何极力否认,生物科学在某种程度上都是建立在把研究对象人性化的基础上。

实际上,我相信,对拟人论的不成文禁令是中世纪黑暗时代的残余;在那个时代,宗教当局否认人类与上帝其他创造物之间的任何直接联系。当人们试图把灯泡、收音机或小折刀拟人化时,我可以看到这个禁令的价值;但是,当这个禁令应用于活的生物体时,我不认为它是有效的批判。人类是多细胞的生物体——我们必然天生就和我们自身的细胞有共同的基本行为模式。

然而,我知道,要承认这种相似之处,需要认识上的转变。从历史上来看,犹太教与基督教所共有的信仰引导我们相信:人类是惟一聪明的动物,人类被上帝创造的过程是单独的、明晰的,有别于所有其他的动物和植物。这种观点让我们对小动物嗤之以鼻,将它们贬为非智能生物,尤其是那些处于更低生命进化等级的生物。

这种看法和真理相距十万八千里。当我们把其他人看作单独的存在实体,或把镜子中的自己看作独立的生物体,一方面,我们是正确的,起码,从我们观察层次的角度来说是正确的。然而,如果把你变到一个细胞那么小,使你能从细胞的角度看到你的身体，那么，你就会对世界有全新的看法。从细胞的角度来回想你自己，你就不再会是独立的存在，你会把自己视为一个由五十万亿个个体细胞组成的生机勃勃的集体。

当我在组织学课堂上随意地讲着这些想法时，儿时用过的百科全书上的一幅图表在我脑际不断浮现。在人类的部分下面，有一幅包含七个透明塑料页面的图解，每页都印着一个一模一样的、重叠的人体外形轮廓。在第一页上，轮廓被一个裸体图像填满了。翻第一页就像剥开这个人的皮肤，露出第二页轮廓内的图像——他的肌肉组织。当我翻开第二页，剩下页面的重叠图像显露出一个生动的人体解剖图。我飞快地翻阅那些页面，便依次看到骨骼、大脑、神经、血管和器官系统。

为了我的加勒比海教学课程，我在脑海中升级了那些透明页面，加多了几个重叠页面，每页都有细胞结构的插图。大多数细胞结构都被称为细胞器，也就是悬浮在凝胶状细胞质中的“微型器官”。细胞器在细胞机能上相当于人体内的组织和器官，它们包括最大的细胞器——细胞核，以及线粒体、高尔基体和液泡。教授该课程的传统方法是：首先解说这些细胞结构，进而解说人体组织和器官。但我没有这样做。我把这两个部分整合起来，以反映人类和细胞的共通本质。

我告诉学生，细胞的细胞器系统所运用的生化机制本质上与人类器官系统所运用的机制是完全一样的。我强调，虽然人体由数以万亿计的细胞组成，但我们体内没有哪一个机能是单细胞不曾表现过的“新”机能。每一个真核细胞（含有细胞核的细胞）都拥有在机能上相当于人类各器官系统的组成部分，如神经系统、消化系统、呼吸系统、排泄系统、内分泌系统、肌肉和骨骼系统、循环系统、体被（皮肤）、生殖系统乃至原始免疫系统。

我还向学生说明，每个细胞都是一个智能性存在，它们可以依靠自己而存活。科学家们曾把单个细胞从人体内移植到培养菌中生长，证实了这一点。我孩童时就凭直觉知道，这些聪明的细胞都有自己的意图和目标；它们积极地寻求能支持它们存活的环境，同时避开毒质和不友好的环境。就像人类一样，对来自它们栖身的微环境中的成千上万个刺激因素，单细胞会进行分析。通过这种数据分析，细胞选择适当的行为反应，以保证自身的存活。

单个细胞也能够从这些环境经验中学习，能够建立细胞记忆，并将细胞记忆遗传给其后代。例如，当一个小孩感染了一种麻疹病毒，一个未成熟免疫细胞便应召而来，生成一个保护性蛋白抗体，对抗那种病毒。在此过程中，细胞必须生成一个新基因，用作制造麻疹抗体蛋白的蓝图。

生产特定麻疹抗体基因的第一个步骤发生在未成熟免疫细胞的细胞核中。在它们的基因中有大量 DNA 片段，把独特形状的蛋白质断片进行编码。通过随意装配和重组这些 DNA 片段，免疫细胞创造出大量不同的基因排列，每个排列都为一个独特形状的抗体蛋白做准备。当一个未成熟免疫细胞制造出一个与入侵麻疹病毒形成“亲密”物理性补充的抗体蛋白，那个免疫细胞就会被激活。

激活了的细胞应用一种令人称奇的机制。它称作“亲和力成熟”，可使细胞完美地“调整”其抗体蛋白的最终形状，使抗体蛋白变成对入侵麻疹病毒的完美补充。利用一个称为“体细胞高频突变”的过程，激活了的免疫细胞造出几百个原始抗体基因的副本。然而，每个基因新版本都有轻微突变，以便能为一个形状稍有不同的抗体蛋白进行编码。细胞选择变异基因作为最适抗体,这种经过选择的基因版本同样也经历体细胞高频突变的重复程序,进一步调整抗体形状,使它成为麻疹病毒的“完美”物理性补充。

精雕细琢过的抗体锁定病毒后,会使入侵病毒失活,并摧毁它,保护孩子免受麻疹损害。细胞保留了这个抗体的基因“记忆”,因此,如果这个人在未来被麻疹病毒入侵,细胞会立即启动一种保护性免疫反应。细胞分裂时,新的抗体基因也会传递给细胞的所有后代。在这个过程中,细胞不但“熟习”了麻疹病毒,而且也建立了将会被其子代细胞遗传和繁殖的“记忆”。这种令人叹为观止的遗传工程技艺至关重要,因为它代表了一种内在的“智力”机制,依靠这种机制,细胞不断进化。

生命的起源:聪明的细胞越来越聪明

细胞很聪明,这一点不应当令人惊讶。单细胞生物是地球上的第一个生物。化石证据显示,它们在地球最初形成之后的六十亿年前就存在了。在之后二十七又二分之一亿年的地球历史中,仅有非共生的单细胞生物——细菌、海藻和变形虫一类的原生动物——能在地球上生存。

约七亿五千万年前,当第一个多细胞生物(植物和动物)出现时,这些聪明的细胞知道了如何变得更聪明。多细胞生物最初是松散的群落,或单细胞生物的“集落”。一开始,细胞群落由数十或数百个细胞组成。但在群落中生活具有革命性优势,很快,包含数百万、数十亿乃至数万亿个社交互动的单细胞的组织就出现了。虽然每个单独的细胞都极端微小，但多细胞群落的体积就大得多，从勉强可见到庞然大物不等。根据人眼观察到的结构，生物学家已经把这些组织化群落进行分类。在肉眼看来，这些细胞群落是独立的存在实体——一只老鼠，一条狗，或一个人——但实际上，它们是由数百万、数万亿个细胞组成的高度组织化联合体。

这种追求更大群落的进化推动力，实际上仅仅是存活所需的生理必然性的反映。一个生物对环境的认知度越高，它存活的机会便越大。当许多细胞结合在一起，它们便成倍地增强了认知。如果每个细胞都被任意指定一个认知值 X，那么，集落中每个生物都会共同拥有一个潜在的认知值，该值最少是集落中细胞数量的 X 倍。

为了在如此高的密度中生存下来，细胞创建了结构化环境。这些高级的群落进行工作任务分配，其精确性和有效性超过反映大企业现实情况的不断更新的组织结构图。事实证明，在群落中给个体细胞指派特定工作任务是更有效的。在动植物的进化发展过程中，细胞在胚胎期便开始获得这些特定职能，使细胞能形成体内特定的组织和器官。久而久之，这种分化模式，即群落成员之间的工作任务分配，会内嵌到群落每个细胞的基因中。这极大地增加了生物体的效率及其生存能力。

例如，在大一点的生物中，仅有一小部分细胞参与解读环境刺激因素并作出反应。那便是组成神经系统组织和器官的特化细胞组的作用。神经系统的功能是体察环境，并协调大细胞群落中所有其他细胞的行为。

细胞群落中的劳动分工为生存提供了另一个有利条件。它的效率使更多的细胞能靠更少的资源生存。想想那古老的谚语:“两人一起生活并不比一人独自生活更贵。”或想想单独建造一栋双卧室房屋的成本,再与在一个有百套公寓的大楼中造一套双卧室公寓的成本相对比。为了生存,每个细胞都必须消耗一定的能量。生活在群落中的个体所保存的能量总数贡献良多,既能提高生存优势,又能改善生活质量。

在美国的资本主义中,亨利·福特在集体活动的分化形式中看到了策略性优势,并将它应用于建立流水线系统,制造汽车。在福特之前,一小队多技能工人需要一两个星期来制造一辆汽车。福特对其工作车间进行组织,每个工人仅负责一项专门的工作。他在一条单独的行列上,即流水线上,安排大量这种分工了的工人,然后把建造中的汽车从上一个工人传递到下一个工人。分工带来的效率使福特公司能在九十分钟内就造出一辆新汽车,而不是几星期。

不幸的是,当查尔斯·达尔文强调一种关于生命产生的极端不同的理论时,我们马上就“忘记了”合作的必要性。他在一百五十年前得出结论:活着的生物永久地纠缠于“为生存而斗争”。在达尔文看来,斗争和暴力不但是动物(人类)本性的一部分,而且是进化发展背后的主要“动力”。在《物种起源》的最后一章“通过自然选择方式的物种起源:或生存斗争中优势种族的保存”,达尔文写到一种不可避免的“生存斗争”;进化是由“从饥荒到死亡的自然战争”驱动的。把这些与达尔文“进化是盲目的”的观点联系在一起,你就看到一个其典型特征被坦尼森诗意地描述为“从牙齿到爪子都沾满了鲜血”的世界,看到一系列以生存为目的的毫无意义的血腥战斗。

进化不需要血淋淋的爪子

虽然达尔文是最著名的进化论者，但把进化确立为科学事实的，却是法国杰出的生物学家让－巴普蒂斯特·拉马克。甚至是恩斯特·迈尔这位"新达尔文主义"（达尔文理论的现代化，吸收了二十世纪的分子遗传学成果）的旗手，也承认拉马克才是先驱者。在他 1970 年的经典著作《进化和生命多样性》中，迈尔写道："我觉得，拉马克更有资格被冠以'进化理论的创建者'这一称号。因为他确实曾被几个法国历史学家这样称呼过……写一整本书来主要阐述器官进化理论，拉马克是第一人；把整个动物系统作为进化产物展示出来，他也是第一人。"

拉马克不但比达尔文早五十年提出其理论，而且他所提出的进化机制理论也远远没那么残酷。拉马克的理论认为，进化的基础是生物与其环境之间的"建设性"合作互动，这种互动使各种生物能在一个动态变化的世界中存活并进化发展。他的观点是，生物获取、传递在不断变化的环境中生存所必需的适应措施。有趣的是，拉马克关于进化机制的假设，证实了上面说过的现代细胞生物学对于免疫系统如何适应其环境的理解。

拉马克的理论成了教会早期的靶子。人类从低级生物进化而来的观点被谴责为大逆不道之论。拉马克也被他的同行科学家奚落，作为创始论者，他们都嘲笑拉马克的谬论。德国的一个发展生物学家奥古斯特·魏斯曼[1]试图证明拉马克的理论,即生物体会把在与环境相互作用中获得的生存取向性状遗传给后代。没想到,他的试验反而帮忙把拉马克彻底打入了冷宫。在一次试验中,魏斯曼把雄鼠和雌鼠的尾巴切掉,然后让它们交配。魏斯曼说,假如拉马克的理论是正确的,那么鼠父母会把它们的无尾状态遗传给后代。第一代老鼠生下来时是有尾巴的。魏斯曼把试验做到了二十一代,但连一只无尾老鼠都没生出来。于是,魏斯曼得出结论:拉马克关于遗传的观点是错误的。

但是,魏斯曼的试验并非拉马克理论的真正测试。根据传记作家乔丹诺娃的说法,拉马克曾提出,那种进化式的改变需要"极其漫长的时间"。乔丹诺娃在 1984 年写道,拉马克的理论"依据"了许多"提议",其中包括"统治生物界的法则已经在极其漫长的时间内产生了越来越复杂的形式"。魏斯曼的试验历时仅五年,对于测试拉马克理论显然不够长。魏斯曼试验中一个更为根本的错误是,拉马克从来没说过生物所发生的每一个改变都会稳固生根。拉马克只是说,生物会把需要依靠其生存的性状(例如尾巴)固定下来。虽然魏斯曼不认为老鼠需要尾巴,但没人问过老鼠它们是否认为尾巴对于它们的存活是必需的!

虽然有这些明显的错误,无尾老鼠研究还是成了摧毁拉马克声誉的帮凶。事实上,拉马克大多数时间都受到忽视和诽谤。康奈尔大学的进化论者沃丁顿在《一个进化论者的进化》中写

① 奥古斯特·魏斯曼(August Weismann,1834—1914),德国动物学家,他发现染色体是遗传信息的载体。

道:“拉马克是生物学史上惟一一人,作用重要,但其名字几乎等于辱骂之词。大多数科学家的成就都注定要随时间的推进而证明有误,但很少有作者写出这样的书:两个世纪后,仍然遭到伴随强烈愤怒的抵制。这种愤怒强烈到连怀疑论者都可能觉得有点良心不安。就事论事而言,我想,拉马克或多或少受到了不公平的裁判。”

沃丁顿说出这些有先见之明的话是在三十年前。今天,在一门新科学的支持下,拉马克理论被重新评价:拉马克这位饱受诟病的生物学家并非全错,而被捧上天的达尔文也并非全对。大名鼎鼎的《科学》杂志 2002 年有一篇文章的标题就是这种转变的一个公开标志:“拉马克是否说对了一点点?”

一些科学家对拉马克重新审视的一个原因是,进化论者在不断提醒我们:协同合作对维持生物圈的完整有不可估量的作用。在《达尔文的盲点》中,英国医生弗兰克·瑞安记载了这种协作关系的许多例子。其中之一是,一只黄色的龙虾收集食物,而它的搭档戈壁鱼则保护它,使它免受捕食者的伤害;另一例是,一只寄居蟹把一个粉红色的海葵驼在蟹壳上。“鱼和章鱼喜欢以寄居蟹为食。但是,当它们靠近寄居蟹,海葵便射出它颜色鲜艳的触手。触手上面有一排排微小的有毒飞镖,它们蜇住潜在的捕食者,迫使它到别处去寻食。”海葵武士也从这种关系中获益匪浅:它吃寄居蟹的食物残渣。

但是,现在对自然界协作关系的了解已深入得多,远远超过了那些易于察觉的关系。《科学》杂志上近期发表的文章《我们靠(小)朋友的小小帮助才能生存》,“生物学家越来越清醒地认识到,动物是与各种为正常健康和发展所需的微生物共同进化的,且会继续共同生存。”对这些关系的研究现在已成为一个迅速壮大的领域,名为“系统生物学”。

具有讽刺意味的是,最近几十年来,我们都被教育要用从抗菌肥皂到抗生素的一切武器来消灭微生物。但这种过分简化的信息忽视了一个事实:许多细菌对我们的健康都不可或缺。关于人类如何受助于微生物的经典例子是,我们消化系统中的细菌对我们的存活至关重要。人类胃和肠道中的细菌能帮助消化食物、吸收维持生命的维生素。滥用抗生素对我们的生存有害,因为抗生素是不分青红皂白的杀手,它们以同样的效率杀死有害菌和我们生存所需的有益菌。

基因组科学的发展揭示了不同物种间协作的另一种机制。研究显示,生物体实际上是通过共享基因来协调统一其细胞群落。从前人们曾认为,基因仅仅通过繁殖遗传给个体生物的后代。现在科学家认识到,基因共享不仅发生在同一物种的个体成员中,而且也发生在不同物种的成员中。通过基因转移共享遗传信息加速了进化,因为生物体能从其他生物体处获得“已学到的”经验。考虑到这种基因共享,生物体不应再被看成互不联系的存在;不同物种之间并没有不可逾越的壁垒。“能源微生物基因组计划”的负责人丹尼尔·德瑞尔告诉《科学》:“我们再不能轻易地定义‘一个物种’。”

这种信息共享并非偶然事件。它是自然用以提升生物圈生存几率的方法。我们先前讨论过,基因是生物体对已知经验的物理性记忆。根据最新发现,生物之间的基因交换会传播那些记忆,因此影响生命群落中所有生物的存活。既然我们已经认识了物种之间和物种内部的这种基因交换机制,遗传工程的危险性就显而易见了。例如，对西红柿基因作出的微小改变可能不会止步于那个西红柿，而是可能会以我们预见不到的方式改变整个生物圈。已经有研究表明，当人类消化转基因食物时，人造的基因会转移到肠道内的有益细菌中，并改变后者的性状。同样，发生在基因工程农作物与周围本地物种之间的基因转移已经产生了被视为超级杂草的高抗品种。遗传工程师把转基因生物引入到环境中时，从未把基因转移的事实纳入考虑。现在，转基因在环境内其他生物中散布并改变其他生物，我们于是开始体验遗传工程师的疏忽失察所带来的可怕后果。

遗传进化论者们警告说，通过共享基因的教训，我们应当认识到所有物种协同合作的重要性。如果不吸取这个教训，我们就会威胁人类的生存。我们必须超越那种强调个体重要性的达尔文理论，转向另一种强调群体重要性的理论。英国科学家提摩太·雷顿提供的证据证明，较之同一物种内个体之间的互相作用，进化更依赖于不同物种之间的互相作用。进化变成了一个最适群体生存的问题，而非最适个体生存的问题。在《科学》1998年的一篇文章里，雷顿写道，人类“必须考虑所有生物的整体和它们的物质环境，以全面了解哪些性状能保存下来并起主导作用”，而不仅仅只关心个体和个体在进化中的作用。

雷顿认同詹姆斯·洛夫洛克的“盖亚假说”，该假说宣称地球与其所有物种组成一个互相作用的有生命的机体。这个假说的赞同者认为，不论是毁灭热带雨林、耗损臭氧层还是通过遗传工程改变生物，只要擅自改变这个名为盖亚的超级有机体的平衡，都会威胁盖亚的生存，从而也威胁人类的生存。

英国自然环境研究理事会资助的最近研究证实了这些忧

虑。地球历史上曾经有过五次集群灭绝,它们都被认为是由地球以外的事件引起的,例如彗星撞地球。而新近的一个研究得出结论:“自然界正在经历历史上第六次重大灭绝事件。”但是,这一次,灭绝的原因不是外星球力量。根据研究中的一个作者杰里米·托马斯的说法:“就我们所能判断的,这一次灭绝是由一种动物——人类——引起的。”

走细胞走过的路

在医学院教书的过程中,我发现,学术环境中的医科学生竞争意识更强,且比律师更善于勾心斗角。他们在争取成为“最适合”一员的过程中实践着达尔文理论中的竞争,经过四年困难重重的医学院学习之后,筋疲力尽地毕业。心无旁骛地追求优秀成绩,而无视周围其他学生,这无疑是遵循了达尔文主义的典范。但我总觉得,对于那些努力想变成有同情心的治疗者的人,这种追求具有讽刺意味。

但在加勒比的小岛,我对医科学生的成见被颠覆了。听了我的热情号召之后,我那些不合时宜的学生不再像传统医科学生一样行动;他们放弃了适者生存的思想方法,凝成一股力量,形成一个团队,帮助他们成功度过了那一学期。学习好的学生帮助差一点的学生,通过这种方法,所有学生都变得更好。他们的和谐使人惊讶,同时也使观者欣慰。

最后,我们得到了意外收获:一个好莱坞电影式的快乐结局。期末考试时,我把威斯康星大学学生必须通过的试卷原样发给我的学生。事实证明,这些“被拒收”的学生和他们在美国的“精英”同事，在考试表现上并无二致。许多学生后来说，当他们回家后遇到曾在美国医学院学习的同学时，他们自豪地发现，自己比对方更熟谙统治细胞和生物生命的法则。

我的学生创造了一个学术奇迹，我当然欣喜若狂。但多年之后，我才理解了他们是如何做到的。当时我以为课程设计是关键，把人类生物学和细胞生物学交叉起来是展示课程材料更好的方法。但现在，在我已经大胆提出了一些可能会被认为荒诞不经的想法后，我想，学生们成功的一个主要原因是，他们避免了他们的美国同侪的行为。他们没有模仿聪明的美国医科学生，而是模仿了聪明细胞的行为，紧密团结在一起，变得更聪明。我并未告诉学生们要以细胞生活为模式来生活，因为我仍深深浸淫在传统的科学训练中。但我喜欢这样想：我大力称赞细胞能同心协力地组合在一起，形成更复杂的、高度成功的有机体；听了我的称赞后，他们凭直觉便往那个方向走。

我那时并不知道，但我现在相信，我的学生成功的另一个原因是，我从未停止过称赞细胞。我也一直称赞我的学生。他们必须听到他们是一流学生，才会相信自己能够表现得像一流学生一样好。我在后面的章节中将要详细讲述许多人过着狭隘的生活。这不是因为他们必须这样过，而是因为他们自认为必须这样过。但我正在超越我自己。我只想说，我在那世外天堂待了四个月，用一种可阐明我对细胞的想法、阐明细胞提供给人类的教训的方法来教学；因此，我已经对新生物学有相当深刻的了解。这种新生物学把基因编译和父母编译的失败主义信念弃之于地；同时被唾弃的，还有适者生存的达尔文主义。

第二章

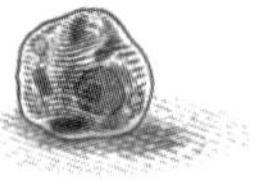

环境才是幕后老大

我永远也不会忘记1967年听到的一条箴言。那是我在研究生院学习克隆干细胞的第一天听到的。这一至理名言看似简单,但我足足花了几十年才体会到它对我工作和生活所产生的深刻影响。我的教授兼导师是杰出的科学家欧文·格尼斯堡,他是最先掌握克隆干细胞技术的细胞生物学家之一。他告诉我,如果正在研究的培养细胞出现反常,那么,首先要从细胞的环境中去找原因,而不是检查细胞本身。

比尔·克林顿的竞选顾问詹姆斯·卡维尔在1992年总统大选中把“问题在经济”作为竞选口号;我的教授并不像他那样直言不讳。但是,如果细胞生物学家把“问题在环境”贴在书桌上,就像当年“问题在经济”的条幅被贴在克林顿竞选总部一样,效果同样也会很好。虽然当时我并不是很理解,但我最终意识到,这个真知灼见正是了解生命本质的一个关键。我一次又一次领略到欧文箴言中的智慧。当我为细胞提供一个健康的环境,它们就蓬勃生长;当环境不理想时,它们就衰落。我调整了环境后,那些“生病的”细胞就又恢复了活力。

但大部分细胞生物学家对这条关于组织培养技巧的真理一无所知。沃森和克里克发现了 DNA 的遗传密码[①]之后，科学家立刻放弃了对环境影响的考虑。甚至查尔斯·达尔文在生命的最后阶段也承认，他的进化理论对环境作用不够重视。在 1876 年一封写给莫里茨·瓦格纳[②]的信中，他写道："我想，我曾经犯过的最大的错误，是没有给环境的直接作用赋予足够的分量，例如食物、气候，等等，这些因素是独立于自然选择之外的……在写《物种起源》时及在之后的数年内，我都只能找到很少的证据来证明环境的直接作用；现在，证据层出不穷。"

追随达尔文的科学家们继续犯同样的错误。对于环境作用强调不足的问题是，它导致了对"自然"的过分强调——"基因决定论"便是其形式，这一理论认为基因"控制"生物学。这种信仰不仅导致了研究经费的错误流向，而且，更重要的是，它改变了我们看待生命的方法。如果你相信基因控制你的生命，而且知道你在被孕育之时对自己被赋予哪些基因毫无发言权，那么，你就有充分的借口认为自己是遗传的受害者。"别指责我的工作习惯——我耽误了最后期限，但那不是我的错……这是基因惹的祸！"

自从遗传学的时代来临，我们都被教导要接受一种说法，即人类要听命于基因的操纵。世界上有许多人长期处于惊恐状

---

① 1953 年 4 月 25 日，詹姆斯·沃森（JamesWatson）博士和弗朗西斯·克里克（Francis Crick）博士在《自然》杂志上发表了一篇论文，提出了脱氧核糖核酸（DNA）的双螺旋结构。这个发现标志着分子生物学的正式诞生。

② 莫里茨·瓦格纳（Moritz Wagner，1813—1887），德国自然历史学家、进化论者、杰出的博物学家和人种学家。

态，害怕在不确定的某一天，他们的基因会突然对他们发难。想想为数不少的这些人：他们觉得体内被装上了定时炸弹，等着癌症在他们体内爆发，因为它曾在他们母亲或兄弟姐妹或姑姨叔伯的体内爆发。数以百万计的人把糟糕的健康状况简单归咎于体内的生化机制不足，而不去寻找心理、生理、情感和精神的综合原因。孩子不听话？更多的人首先会给孩子用药，以纠正他们的“化学失衡”，而不是设法尽力解决孩子在身体、心灵和精神上的问题。

当然，无可否认，有些病症，例如亨丁顿舞蹈症[①]、地中海型贫血症、囊性纤维症，可以完全归根于基因缺陷。但单基因遗传病仅影响不足百分之二十的人口；大多数人出世时，都带着应当能够使他们快乐健康生活的基因。成为现代灾难的那些疾病——糖尿病、心脏病、癌症——扼杀了幸福健康的生活。然而，这些疾病并非单基因缺陷的结果，而是多基因和环境因素复合作用的结果。

那些触目惊心的大标题又如何呢？它们大肆宣扬发现了引起所有疾病的基因，从抑郁症到精神分裂症。仔细阅读那些文章你就会发现，在那令人喘不过气来的标题后面，是平淡得多的事实。科学家已经把许多基因和许多不同的疾病和性状相联系，但他们绝少发现哪一个基因引起哪一个性状或哪一种疾病。

当媒体重复地歪曲“相关因素”和“诱因”这两个词的意思，混乱就产生了。和某种疾病相关，这是一回事；引起某种疾病，则完全是另外一回事。后者暗示一种针对性的、控制性的行为。

① 亨丁顿舞蹈症是一种染色体显性遗传所造成的脑部退化疾病。

如果我给你看一串钥匙,说其中一个钥匙“控制”我的车,你一开始就会觉得我的说法合理,因为你知道需要用那个钥匙来打开点火开关。但是,钥匙真的能“控制”车吗?如果是,你就不会把钥匙单独留在车里,因为有人可能趁你不注意时把你的车借去兜风。事实上,钥匙只是与车的控制“相关”;转动钥匙的人才是车子真正的控制者。特定的基因和一个生物体的行为和特征相关,但必须有东西来触发这些基因,它们才会被激活。

什么会激活基因?H·F·尼尤特在1990年题为《隐喻、基因角色与发育》的论文中给出了简洁的答案。尼尤特以证据表明,基因控制生物学的观点长期以来频繁地被重提,使科学家忘记了它只是个假设,而并非事实。实际上,基因控制生物学的观点是个命题,从未被证明过;而且,事实上,这一观点已经被最新的科学研究所动摇。尼尤特说,基因控制已经变成我们社会的一个隐喻。我们很想相信遗传工程师是新的医疗魔术师,能包治百病,而且,他们的工作会创造更多的爱因斯坦和莫扎特。但隐喻并不等于科学事实。事实是尼尤特所总结的:“当一个基因产品被需要时,是环境所发生的一个信号,而非基因自身的一个突现特征来激活基因表达。”换句话说,虽说是基因控制,但“问题在环境”。

蛋白质:生命物质

当科学家以更大的激情关注DNA机制时,基因控制变成一个隐喻就容易理解了。有机化学家发现,细胞是由四类很大的大分子组成的:多醣类(复糖)、脂质类(脂肪)、核酸(DNA/

RNA)和蛋白质。虽然细胞需要四类分子中的每一类,但对于生物体,蛋白质是最重要的成分。我们的细胞主要是蛋白质结构单元的装配。因此,看待我们由数以万亿计的细胞组成的身体的一种方法,是把它当成蛋白质机器,虽然,你也知道,我想我们不仅仅是机器!说起来挺简单,但事实并非如此。首先,需要十几万种不同的蛋白质,我们的身体才能正常运作。

让我们来仔细看看细胞中的十万多个蛋白质是如何组装起来的。每一个蛋白质都是一个线性串,由氨基酸分子连接起来,如下图所示,就像小孩子的弹珠项链。

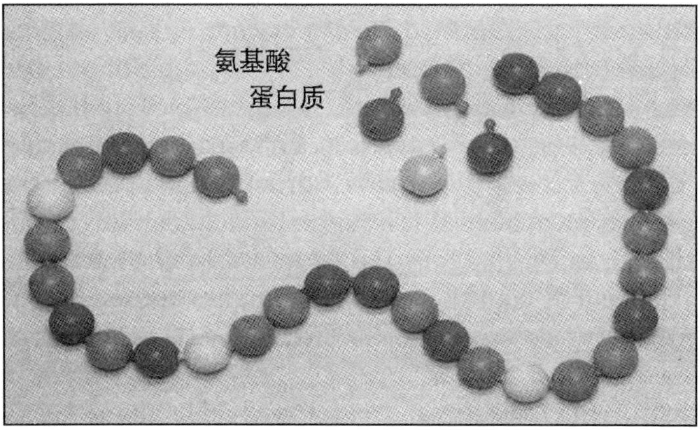

每颗珠子代表细胞所用的二十个氨基酸分子中的一个。虽然我喜欢弹珠项链这个比喻,因为每个人对它都很熟悉,但这个比喻并不准确,因为每个氨基酸的形体都略有不同。因此,为了做到完全精确,你应当把它想象成一串在工厂里受到了轻微损害的弹珠项链。

为了更加精确,你应当知道,相比一旦弯折得太厉害便会四散解体的弹珠项链，组成细胞蛋白质“主链”的氨基酸项链远远更易塑形。蛋白质主链中连锁起来的氨基酸的结构和行为更像是蛇的脊椎，如下图所示。蛇的脊柱由大量连锁的亚单位椎骨组成，这使蛇能盘绕成多种不同的形体，从一根直杆到一个打结的“球”都能。

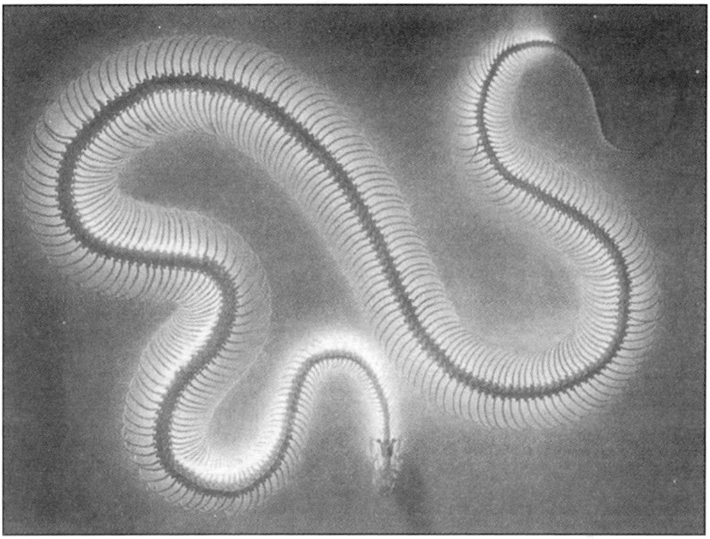

蛋白质主链中那些处于两个氨基酸之间的柔韧的环（肽腱）使每个蛋白质都可变成许多形状。通过氨基酸“脊椎骨”的旋转、弯曲，蛋白质分子能像纳米小蛇一样扭曲、蠕动。有两个首要因素决定蛋白质主链的轮廓，因而也决定蛋白质的外形。一个因素是由组成弹珠状主链的不同形状氨基酸的序列所决定的物理模式。

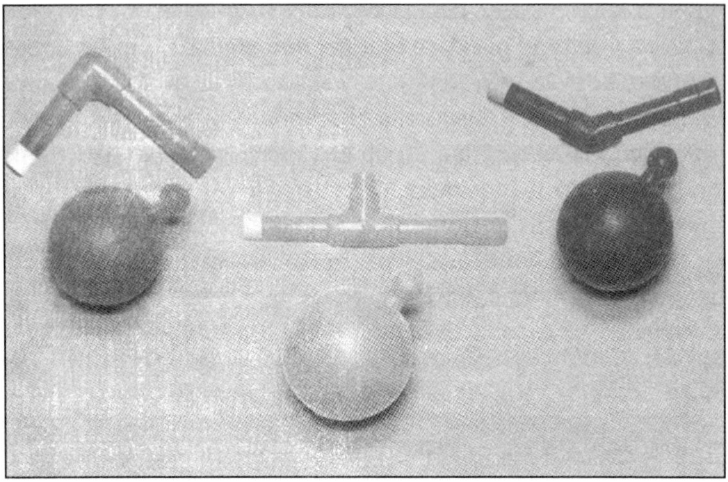

不像统一形状的弹珠，组成蛋白质主链的二十种氨基酸中，每一种都有一个独特的形状，或者说构型（生物学家使用的术语）。由同一形状弹珠组成的“主链”与由不同形状管件组装而成的“主链”，两者的特征有区别，如上图所示。

第二个因素关系到连锁的氨基酸之间电磁电荷的互相作用。大多数氨基酸都带有负电荷或正电荷，它们像磁铁一样行动：同性电荷引起分子间的互相排斥，而异性电荷则使分子互相吸引。如下图所示，当蛋白质的氨基酸亚基旋转或扭曲肽键以平衡由正电荷和负电荷产生的力时，蛋白质的弹性主链自发折叠成一个更适合的形状。

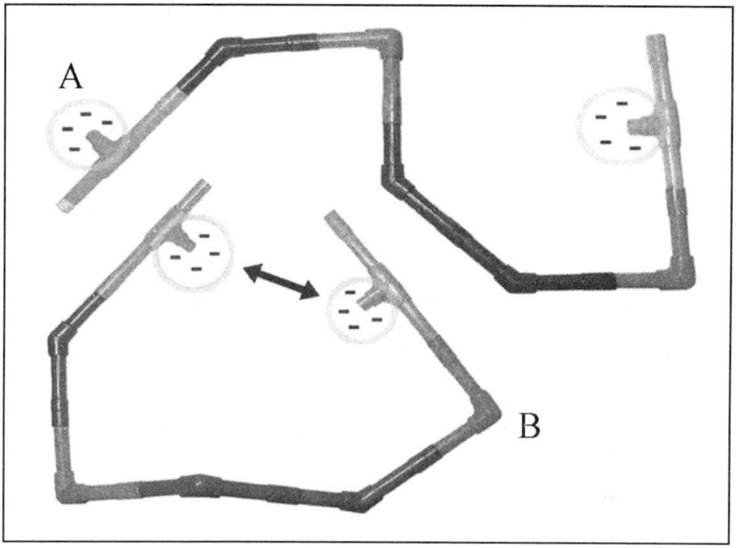

A和B中的蛋白质主链有完全相同的氨基酸(管件)序列,但显示了极端不同的构型。主链形状的不同源于邻近构件间结合点的不同旋转。就像管件一样,蛋白质不同形状的氨基酸也会围绕其结合点(肽腱)旋转,使主链能像蛇一样蠕动。蛋白质能变换形状,虽然它们通常都更喜欢两种或三种特定的构型。A或B这两种构型,哪种是我们的假想蛋白所喜欢的呢?答案和这一事实相关:两个末端的氨基酸(管件)都有负电荷区域。同性电荷互相排斥,因此,它们相距越远,则它们的构型也越稳定。构型A会是优势构型,因为A中的各个负电荷比B中的各个负电荷相距更远。

有些蛋白分子的主链很长,因此,在折叠过程中,它们需要一种名为伴侣蛋白的特别的"辅助蛋白"的协助。蛋白质如果折叠不适当,就会像脊髓缺损的人一样,无法实现优化功能。这些异常的蛋白被细胞标记并摧毁;它们的主链氨基酸被拆卸,并回收利用到新蛋白质的合成中。

蛋白质如何创造生命

生物体和无生命存在物的区别在于这一事实：生物体能活动，它们是活生生的。驱使它们活动的能量被用于标志着生命系统的“工作”，如呼吸、消化和肌肉收缩。为了了解生命的本质，我们必须首先了解蛋白质“机器”为何能活动及如何活动。

蛋白分子的最终形状，或者说构型，反映了蛋白分子中电磁电荷的一种平衡状态。然而，如果蛋白质中的正电荷和负电荷被改变，则蛋白主链会积极地扭曲，调整自己，以容纳电荷的新分布。蛋白质里的电磁电荷分布能够被一些过程有选择性地改变，包括其他分子的结合或像荷尔蒙这样的化学基的结合；酶去除或者带电离子的增加；或电磁场的干预，例如手机辐射。

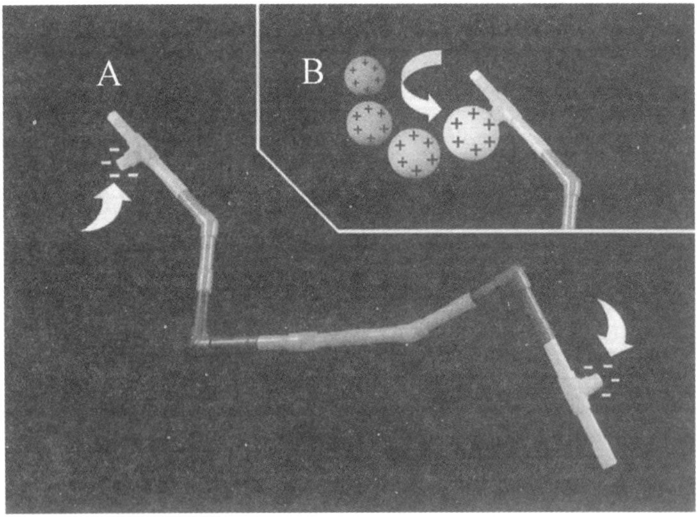

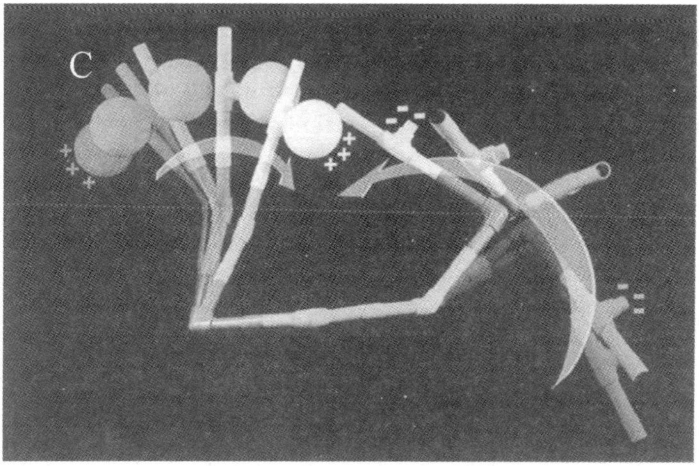

图 A 显示了我们的假象蛋白质主链的优势构型。两个带负电荷的末端氨基酸（箭头所指处）之间的互相排斥力导致主链延伸，因此两个负电荷氨基酸可以相距得尽量远。图 B 是一个末端氨基酸的特写。一个信号，在此情况中是一个带有很强正电荷的分子（白球处），被吸引且结合到蛋白末端氨基酸上的负极位点。在我们的特定情景中，这个信号的正电荷量比氨基酸所带的负电荷量绝对值更大。当这个信号和蛋白质耦合后，主链的这一末端上便有过剩的正电荷。正电荷和负电荷互相吸引，因此主链上的氨基酸会绕着肽腱旋转，正电荷和负电荷末端会走到一起。图 C 展示的是蛋白从构型 A 到构型 B 的转变。构型改变引发活动，而活动被利用来工作，为消化、呼吸和肌肉收缩这些机能做准备。当信号脱开时，蛋白质回复优势伸展构型。信号产生的蛋白活动就是这样为生命做准备。

形状变形的蛋白质是令人叹为观止的奇迹，因为它们精确、三维的形体也会令它们能和其他蛋白质连接。当一个蛋白质遇到一个身为物理和能量补充物的分子时，两者结合在一起，就像有连锁装置的人造产品,例如打蛋器或老式的手表。

请仔细观察下面两个图示。第一个图示展示了五个形状独特的蛋白质,它们是在细胞中发现的分子“装置齿轮”的例子。这些有机的“装置齿轮”比机械工厂制造的齿轮边缘更柔和,但你可以看到,它们的精确的三维形状使它们能够和其他互补蛋白牢固地结合。

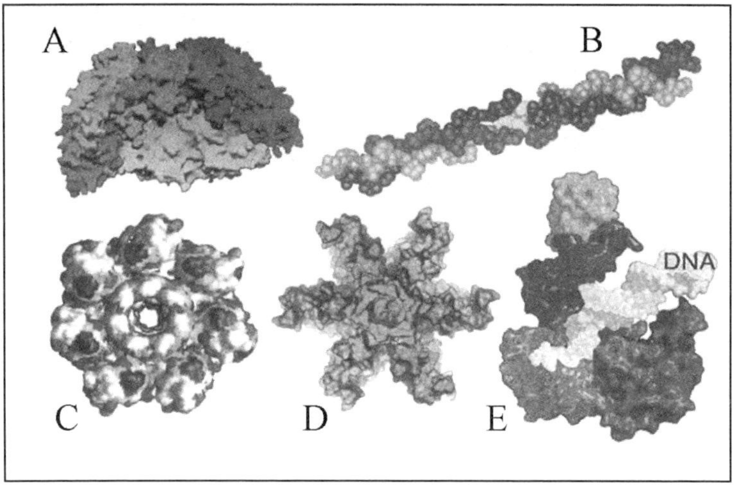

蛋白展会。上图所示的是蛋白分子五种不同的例子。每个蛋白都拥有一个精确的三维构型,这个构型与它自己在每个细胞中的副本是一模一样的。A:消化氢原子的酶;B:胶原蛋白的梭线长丝;C:通道蛋白,一个有空心环孔的膜结合蛋白;D:包含了一个病毒“胶囊”的蛋白亚基;E:带有螺旋DNA分子的DNA合成酶

在第二个插图中,我选用一个上了发条的表来代表细胞的运作。第一张图显示了一个金属机器,上面可看到齿轮、弹簧、珠宝和表模型箱。当齿轮A转动时,会带动齿轮B转动。当齿

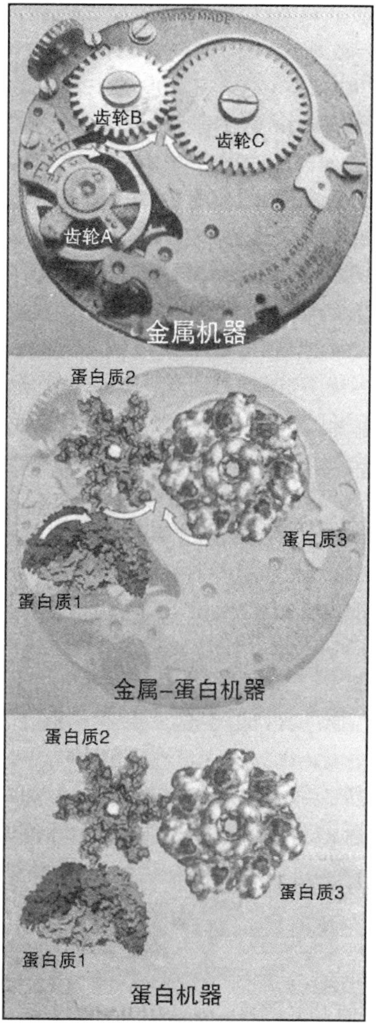

轮 B 转动，会引起齿轮 C 转动。如此类推。在第二张图中，我把人造钟表的齿轮用边缘更为柔软的有机蛋白(放大了好几百万倍，以与表成比例)覆盖起来，因此我们就可以在视觉上把蛋白质想象为手表机件。在这个金属—蛋白的“机器”中，我们可以想象蛋白 A 的转动引起蛋白 B 旋转，因此又引起蛋白 C 的活动。如果你想象到了那种情景，你就可以看第三个图，图中的人造部分(手表)已经拿开了。看！只剩下了一个蛋白“机器”，共同组成细胞的几千个相似蛋白质装配中的一个！

协作创造特定生理机能的细胞质蛋白质聚集到我们称之为“通路”的特定装配中。这些装配因许多机能而被辨识，例如呼吸通路、消化通路、肌肉收缩通路，和声名狼藉的产生能量的克列伯氏循环。克列伯氏循环是许多理科生的克星，他们必须记住它的每一个蛋白组分和复杂的化学反应。

细胞生物学家终于弄清了蛋白装配机器如何运作，你能想象他们有多激动吗？细胞利用这些蛋白装配机器的活动来发动特定的新陈代谢和行为机能。蛋白质的形状改变活动永不停止，每一秒内可发生几千次，这些活动便是生命的推动力。

DNA 至上论

你可能注意到了，在上一节中，我根本没讨论过 DNA。那是因为，是蛋白质的电磁电荷变化引起了蛋白质那些引发行为的活动，而不是 DNA。我们究竟是如何得到基因“控制”生物学这个广为传播且常被引用的观点的？在《物种起源》中，达尔文提出，“遗传”因素被代代相传，决定后代的性状。达尔文的影响太大了，所以目光短浅的科学家们都忙着去寻找他们自认为能控制生命的遗传物质。

1910 年，精细的微生物分析揭示，代代相传的遗传信息包含在染色体中。染色体是线形结构，在细胞分裂为两个“子细胞”之前可看到。染色体结合到子细胞最大的细胞器细胞核中。科学家把细胞核分离出来时，他们解剖了染色体，发现遗传因素主要由两种分子——蛋白质和 DNA 组成。由于某种原因，生命的蛋白机制与这些染色体分子的结构和机能密不可分。

1944 年，科学家确定事实上是 DNA 包含了遗传信息，于是人们对于染色体的机能有了更精确的认识。提取 DNA 的实验其实很简练。这些科学家们从某种病毒中——我们姑且称它为 A 病毒——分离出纯粹的 DNA，然后把这个纯粹 DNA 加入到只含有 B 病毒的培养物中。在很短的时间内，B 病毒就开始显示之前仅仅在病毒 A

中可见的遗传性状。得知只需要 DNA 而不需任何其他物质就可以传递性状后,DNA 分子顿时变成了科学界的超级明星。

现在,就只等着沃森和克里克来发现超级明星分子的结构和机能了。DNA 分子长长的,像线一样。它们由四种含氮的化学物质组成,这四种化学物质被称为碱基(腺嘌呤、胸腺嘧啶、胞嘧啶、鸟嘌呤,或 A、T、C、G)。沃森和克里克对 DNA 结构的揭示又导致另外一个发现:DNA 中的 A、T、C、G 这四种碱基的序列解释了蛋白质主链上氨基酸的序列。DNA 分子长串可被分解成单基因,这些基因片段为特异蛋白提供了蓝图。这样,用于再造细胞蛋白机制的密码被解开了!

沃森和克里克也解释了为何 DNA 是完美的遗传分子。正常情况下,每个 DNA 链都和另一个 DNA 链纠缠,形成一个名为"双螺旋"的松散包装的构型。这个系统的高妙之处在于,两个链的 DNA 碱基序列是完全相同的。当两个 DNA 链解开后,每个单链都包含了信息,能为它自身制造一个一模一样的、互补的副本。因此,通过一个分离双螺旋中双链的程序,DNA 分子就能自我复制。这一发现引出一个假设:DNA"控制"它自身的复制……DNA 是它自己的"老板"。

DNA 控制自身复制且充当体内蛋白质蓝图的"想法"引导弗朗西斯·克里克建立了生物学的中心法则,即 DNA 控制一切。这个信仰在现代生物学中至高无上,实质上已被镌刻在石板上,因为它就相当于科学界的"十诫"①。这一法则也被称作

① 十诫,出自《圣经》,相传是上帝借由摩西向以色列民族颁布的十条规定。据《圣经》记载,这十条规定是上帝亲自用指头写在石版上的。

“DNA 至上论”,是每个科学文本的固定内容。

在这一法则关于生命秘密如何展开的体系中,DNA 高高在上,接着是 RNA。RNA 是 DNA 的短命复印件。严格说来,RNA 是为组成蛋白质主链的氨基酸序列解码的物理模板。DNA 至上论提供了基因决定论时代的逻辑。因为,生物体的特征是由其蛋白质的性质决定的,而其蛋白质又编码在 DNA 中,所以,根据逻辑,DNA 就会代表“主要原因”,或谓生物体性状的主要决定因素。

人类基因组计划

DNA 获得了超级明星的地位后,剩下的难题是制作出人类夜空中全部基因明星的清单。让我们进入人类基因组计划,一个开始于 1980 年代晚期的全球性科学项目,来制出人体中所有基因的目录。

从一开始,人类基因组计划就是一个雄心勃勃的计划。传统看法认为,组成人体的十万多个不同蛋白质中的每一个都需要一个基因来提供蓝图。除此之外,还有至少两万个调节基因,以安排为蛋白质编码的基因的活动。科学家得出结论:人类基因组可能包含最少十二万个基因,它们都位于人类的二十三对染色体中。

但那还不是全部情况。一个全球性的玩笑正在揭幕。这个偶尔让科学家不安的玩笑使他们确信,他们发现了宇宙的秘密。想想尼古拉斯·哥白尼在 1543 年公布的发现带来的巨大冲击力;他宣称“地球不是宇宙中心”,而当时的科学家和神学家都认定是。地球实际上是围绕太阳转，而且太阳本身也并非宇宙中心，这一事实动摇了教会的学说。通过挑战教会的假定“永远正确性”，哥白尼用打破范式的发现发动了现代的、科学的革命。科学最终取代了教会，成为西方文明中用于理解宇宙秘密的智慧的源泉。

当科学家发现整个人类基因组只包含大约两万五千个基因，而非他们预想的超过十二万个的时候，他们感受到了同样巨大的震惊。百分之八十以上的假设的、同样也是必需的 DNA，居然根本就是子虚乌有！事实证明，那些遗失了的基因比尼克松录音带中那遗失的十八分钟①更棘手。基因蛋白一对一的概念是基因决定论的基本原则。既然人类基因组计划颠覆了基因蛋白一对一的概念，那么，我们就必须抛弃关于生命如何运作的当前理论。我们再也不可能相信基因工程师能易如反掌解决我们所有的生理难题。因为，根本就没有足够多的基因来解释人类生命和人类疾病的复杂性。

---

① “水门事件”后，尼克松连任了美国总统。但在 1973 年，美国最高法院判定尼克松必须交出“水门事件”中涉及的录音带。在其中一盘录音带上，有十八分钟的录音被洗掉了。

中心法则。这个法则又称作DNA至上论，它明确了生物有机体中的信息流。如箭头所示，信息流是单向的，从DNA流向RNA，然后流向蛋白质。DNA代表细胞的长期记忆，能代代相传。RNA是DNA分子的不稳定副本，是活性记忆，在合成蛋白质的过程中被细胞用作物理模板。蛋白质分子是为细胞结构和行为作准备的结构单元。DNA被意指控制细胞蛋白质特征的“源头”，因此，DNA至上概念的字面意思是“首要原因”。

我可能听起来像一只高喊“遗传学的天空掉下来了”的小鸡。然而，你不一定要相信我的话。大鸡也在说同样的话。在对人类基因组计划令人大跌眼镜的结果发表评论时，世界顶尖遗传学家、诺贝尔奖得主大卫·巴尔的摩就人的复杂性的问题发表了演说。

“但是，除非人类基因组包含许多计算机无法探测到的基因,不然,事实很清楚:我们人类之所以比蠕虫和植物毫无疑问更复杂,并非是因为我们使用了更多的基因。”

“去了解到底是什么使我们更复杂——我们巨大的行为能力、产生有意识行动的能力、非凡的身体协调能力、因环境中外部变化而作出精确合拍的改变、学习、记忆,我还要说下去吗?——这是留给未来的一个挑战。”

正如巴尔的摩所言,人类基因组计划的结果使我们转向考虑有关生命如何受控的其他观点。“去了解到底是什么使我们更复杂……这是留给未来的一个挑战。”

此外,人类基因组计划的结果还让我们专心思考我们和生物圈中其他生物的亲缘关系。我们再无法用基因来解释为何人类居于进化阶梯的最顶端。因为到头来,在人体内发现的基因总数和在原始生物体内发现的基因总数并无多大区别。让我们来看看三种在基因研究中研究得最充分的模式生物:名为“秀丽隐杆线虫”的微型线虫、果蝇和实验小鼠。

研究基因在发展和行为中的角色时,这种原始的线虫充当了绝好模式。这种成长、繁殖迅速的生物有一个精确典范的身体,恰好由九百六十九个细胞组成,并有一个大约三百零二个细胞的简单大脑。尽管如此,它有独特的行为能力,最重要的是,它可应用于基因实验。秀丽隐杆线虫的基因组由约两万四千个基因组成。而由五十万亿个细胞组成的人体包含的基因,仅仅比这种缓慢的、无脊椎的、千数细胞组成的微型线虫的基因多一千五百个。

另一种常用的研究对象果蝇,有一万五千个基因。因此,更高级的果蝇,其基因总数比更原始的秀丽隐杆线虫的基因还少九千个。当说到人和老鼠时，我们可能必须将老鼠看高一点，将我们自己看低一点。因为，平行的基因组计划揭示：人类和啮齿目动物的基因数相差无几！

细胞生物学入门

回首往事，科学家们早就应该知道基因不能控制生命。根据定义，大脑是对控制、协调生物体生理和行为负责的器官。但是，细胞核当真是细胞的大脑吗？如果我们的假设是真的，即细胞核与其含有 DNA 的物质是一个细胞的大脑，那么，如果进行一个称为“去核”的手术，移除细胞的细胞核，应该会导致细胞立即死亡。

现在，那个伟大的试验隆重登场……（音乐大师，请击鼓）。

科学家们把极不情愿的细胞拽入显微手术的圆形剧场，绑定起来。利用一个显微操作仪，科学家把针一样大小的微量滴管放到细胞上方的位置。随着显微操作仪灵巧地一戳，我们的调查者们把微量滴管深深插入到细胞的细胞质内部。利用一点吸力，细胞核被提取到滴管中，然后滴管又从细胞中被拿出来。在充盈着细胞核的滴管下方，躺着我们的细胞烈士——它的“大脑”被取出来了。

但是，等一下！它仍然在动！我的天……细胞仍然是活着的！

伤口愈合了，而且，像一个术后康复的病人一样，细胞开始慢慢地蹒跚地走来走去。很快，细胞就回复了原先的脚步（好吧，是它的伪足），逃离显微镜的领域，希望永远也不要再看到一个医生。

在去核手术之后，许多细胞能在没有基因的情况下存活两个月甚至更长。可独立生存的去核细胞不像生命维持系统中细胞质的脑死亡块一样懒散度日。这些细胞积极地摄取食物并新陈代谢，保持其生理系统（呼吸、消化、排泄、能动性游动等）的协调运作，保留了与其他细胞沟通的能力，而且能对需要环境刺激物的成长和保护作出适当反应。

去核手术并非没有副作用，这不足为奇。没有基因的细胞不能分裂，也不能制造它们在正常细胞质损耗中所失去的任何蛋白质组分。有缺陷的胞浆蛋白不能被取代，造就了最终导致细胞死亡的机械性功能障碍。

设计这个试验是为了测试细胞核为细胞"大脑"的这一观点。如果细胞在去核手术后立即死亡，实验结果至少可以为那一信仰提供支持。但，结果毫不含糊：去核后的细胞仍显示了复杂的、协调的、维持生命的行为。这就意味着，细胞的"大脑"仍然安然无恙，正常运作。

去核细胞在基因缺席的情况下仍保留生理机能，这一事实绝非新大陆。一百多年前，古典胚胎学者惯常地从正在分裂的卵细胞中把细胞核移除，并发现，单独的去核后卵细胞能够发育至囊胚——含有四十个或更多细胞的胚期。今天，去核细胞被用于工业目的，成为以病毒疫苗生产为目的的细胞培养中的活性"饲养"层。

如果细胞核与其基因不是细胞的大脑，那么，DNA 对细胞生命的贡献到底是什么？去核细胞死亡，但不是因为失去大脑，而是因为失去了繁殖能力。丧失了组分再生能力后，去核细胞不能取代有缺陷的蛋白质结构单元,也不能自我复制。因此,细胞核并不是细胞的大脑——细胞核是细胞的生殖腺!把生殖腺和大脑混为一谈是个可以理解的错误,因为科学一直是一个特殊的行当,且到现在仍然是。男人经常被指责为用生殖腺来思考,因此,科学家不慎混淆了细胞核和细胞的大脑,也就并不是完全出乎意料的了!

表观遗传学:自我赋权的新科学

相信“基因即是命运”的理论家们显然忽略了百年前就发现的关于去核细胞的科学事实。但是,对动摇基因决定论信仰的新研究,他们不能视而不见。当人类基因组计划制造新闻头条时,一群科学家正在开创生物学中一个名为表观遗传学的革命性新领域。表观遗传学的字面意义是“基因之上的控制权”,它深刻改变了我们对生命如何受控的理解。在上个十年,表观遗传学就已经确证,通过基因而遗传的 DNA 蓝图在出生时并未固定下来。基因不是命运!环境影响,包括营养、压力、情感,都可以修改基因,而同时并不改变基因的基本蓝图。表观遗传学家已经发现,那些修改能够确定无疑地遗传给未来世代,就像 DNA 蓝图能通过双螺旋传递一样。

环境至上论。新科学揭示,控制生物学的信息从环境信号开始,而环境信号又转而控制调节蛋白与 DNA 的结合,调节蛋白管理基因活动。DNA、RNA 和基因的机能与“DNA 至上论”一章中所描述的相同。注意:信息流不再是单向的。在二十世纪六十年代,霍华德·泰明以实验证明 RNA 能够与预测中的信息流反向而行从而改写 DNA,向中心法则提出挑战。泰明最开始因他的“胡说八道”而受到冷嘲热讽,但后来因描写逆转录酶获得了诺贝尔奖。逆转录酶是 RNA 用以改写遗传密码的分子机制。逆转录酶现在声名狼藉,因为它被艾滋病毒的 RNA 用来强占受感染细胞的 DNA。现在我们还知道,DNA 分子中的变化,如添加或移除甲基化学基,会影响调节蛋白的结合。蛋白质也必须能够抵制预测中的信息流,因为免疫细胞中的蛋白抗体参与了对细胞中合成蛋白质的 DNA 的改变。指示信息流的箭头的大小并不一样。反向信息流有严格的限制,这种设计能够防止细胞基因组的根本变化。

毫无疑问,表观遗传学的发现落到了遗传学后面。从二十世纪四十年代晚期开始,生物学家就已经会把DNA从细胞核中分离出来,以研究遗传机制。在此过程中,他们把细胞核从细胞中提取出来,打开包络的细胞膜,移除染色体内容(一半由DNA组成,一半由调节蛋白组成)。在研究DNA的热情中,大多数科学家扔掉了蛋白质,而现在我们知道这一举动相当于把婴儿和洗澡水一起倒掉。发育遗传学家把婴儿捡回来,研究染色体的蛋白质,而那些蛋白质被证明在遗传中扮演着和DNA一样重要的角色。

在染色体中,DNA形成核心,而蛋白质像袖子一样把DNA盖起来。当基因被覆盖时,它们携带的信息不能被"读取"。请把你的光胳膊想象成一个DNA,这DNA代表编码为蓝眼睛的基因。在细胞核中,这一段DNA被紧密缠绕的调节蛋白覆盖,像袖子一样盖住你的蓝眼睛基因,使其信息无法被读取。

怎么把那袖子扯下来呢?你需要一个环境信号来刺激"袖子"蛋白改变形状。例如,从DNA的双螺旋中分离出来,使基因可被读取。当DNA露面,细胞就会制造一个暴露基因的副本。结果是,这个基因的活动决定于被袖子覆盖的蛋白的存在与否,而被袖子覆盖的蛋白又受到环境信号的控制。

表观遗传决定论的故事,是环境信号如何决定基因活动的故事。现在我们已经清楚,之前所描述的DNA至上论图表已经过时了。信息流的修订后体系现在应当被称为"环境至上论"。生物学中新的、更复杂的信息流从环境信号开始,接着走向调节蛋白,然后才走向DNA、RNA,蛋白质是最后结果。

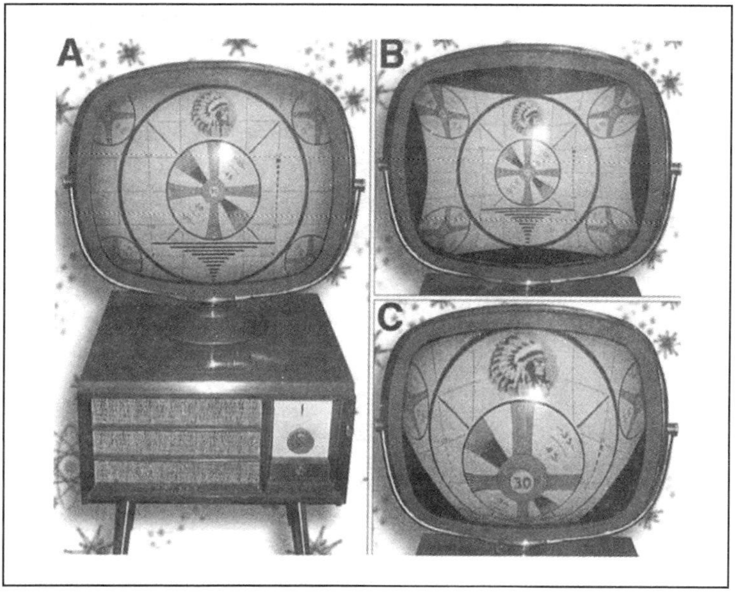

在这个表观遗传学的比喻中，屏幕上的测试模式代表被某个基因编码的蛋白主链模式。对电视机的操控能改变模式的外形（B 和 C），但并不会改变原来的广播电视模式（也即基因）。后生性的控制修改一个基因的读出信息，但不改变 DNA 编码。

表观遗传学也弄清楚了生物体用以传递遗传信息的两种机制。那两种机制为科学家们提供了一条思路，同时研究人类行为中自然（先天基因）的贡献与培育（后生性机制）的贡献。如果你像几十年来科学家们做的那样仅仅只盯住蓝图，那么，你就不可能了解环境的影响。

让我们来打个比方，使后生性机制和遗传机制的关系更明晰。你是否年龄足够大，经历过那种一过午夜电视节目便停播的日子？当正常的节目结束后，一个“测试模式”[1]便出现在屏幕上。大多数测试模式看起来像一个中心有公牛眼睛的圆靶，和上面的图片相似。

请把电视屏幕上的测试模式想象成被某个指定基因编码的模式，如棕色眼睛的基因。通过打开模式，关闭模式，调节包括色彩、色调、对比度、亮度、垂直和水平定位等在内的特征，电视机的控制盘和开关对测试屏幕进行微调。通过调整调节盘，你能改变屏幕上模式的外形，但同时并不真正改变原来的广播电视模式。这正是调节蛋白的角色。蛋白合成的研究表明，后生性“调节盘”能从同一个基因蓝图中创造出两千或更多种蛋白质变体。

父母的生活经历塑造孩子的基因性状

我们现在知道，上面描写的因环境影响而产生的微调能代代相传。《分子和细胞生物学》于 2003 年 8 月 1 日一期发表了杜克大学具有历史意义的研究。研究发现，富含甲基的环境甚至能推翻老鼠体内的基因突变。在研究中，科学家观察膳食补充剂在带有异常“刺鼠”基因的怀孕老鼠身上的效果。刺鼠有黄色的皮毛，极端肥胖，后一特征使它们容易患心血管疾病、糖尿病和癌症。

---

① “测试模式”，电视台播送的帮助观众调整收视的几何图表。

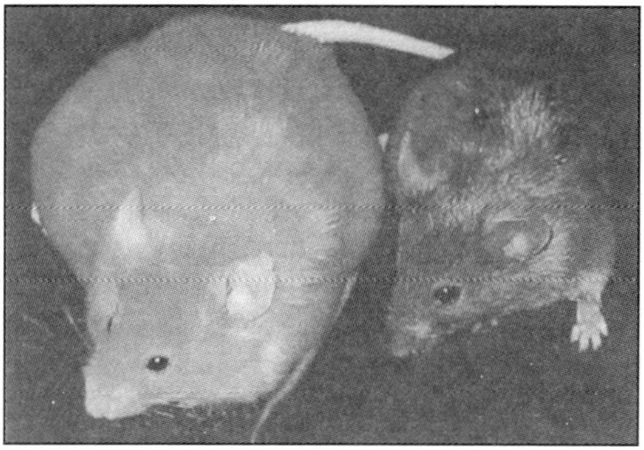

刺鼠姐妹。一岁大的基因相同的雌性刺鼠。母亲的甲基供体添加会使幼仔的皮毛颜色从黄色改变到棕色，且减少肥胖、糖尿病和癌症的发病率。

在实验中，一组黄色的肥胖的刺鼠母亲接受了富含甲基的补充剂：叶酸、维生素 B_{12}、甜菜碱和胆碱。补充剂来自于健康食物商店。选择富含甲基的补充剂，是因为许多研究曾显示，甲基化学基和后生性的修改有关。当甲基附着在一个基因的 DNA 上，它就改变调节染色体蛋白质的结合性状。如果蛋白质和基因结合得太紧密，则蛋白质的袖子无法被移除，基因便无法被读取。甲基化的 DNA 能抑制或修改基因活动。

这一次，"饮食胜过基因"的大标题很准确。虽然幼仔和母亲都拥有相同的刺鼠基因，但吃过富含甲基的补充剂的老鼠母亲生出标准的精瘦的棕色老鼠。而没使用过补充剂的刺鼠母亲生出黄色的幼鼠。黄色幼鼠的食量远远大于棕色幼鼠，且体重几乎是精瘦的"伪刺鼠"体重的两倍。

上一个图片引人注目。虽然两只老鼠基因相同，但它们在外表上极端不同：一只老鼠瘦弱、棕色，而另外一只却是肥胖的黄色。从图片中看不到的是：肥胖的老鼠患有糖尿病，而与它基因相同的那只老鼠却是健康的。

其他的研究发现，后生性机制是许多疾病的一种致病因素，包括癌症、心血管病和糖尿病。事实上，仅有百分之五的癌症病人和心血管疾病病人将他们的病归咎于遗传。媒体对乳腺癌基因 BRCA1 和 BRCA2 的发现大肆宣扬，但是他们没有强调，百分之九十五的乳腺癌患者并非因遗传基因而发病。相当数量癌症病人身上的恶性肿瘤来源于环境诱发的后生性改变，而不是来源于基因缺陷。

后生性证据变得异常引人瞩目，一些大胆的科学家甚至为让-巴普蒂斯特·拉马克大唱赞歌——那个饱受诟病的进化论者相信，作为环境影响结果而获得的性状可被遗传。哲学家伊娃·亚布隆卡和生物学家马里昂·拉姆在 1995 年的著作《基因外遗传和进化——拉马克的维度》中写道："近年来的分子生物学研究显示，基因组远比之前假设的更不稳定，对环境的反应也更灵敏。研究还显示，信息可以通过 DNA 碱基序列以外的方式来传送给后代。"

我们又回到了本章开始的地方：环境。在我自己的实验室工作中，我一次又一次地看到环境改变对我所研究的细胞的巨大影响。但仅仅在我研究生涯的晚期，在斯坦福，我才充分理解这个信息。我看到我所研究的血管内膜细胞——内皮细胞，随着环境改变而改变其结构和机能。例如，当我向组织培养物中添加了炎症化学物质后，细胞迅速变得等同于巨噬细胞——免疫系统的清道夫。同样令我激动的是，甚至当我用伽马射线毁灭了细胞的 DNA 后,它们也还是改变了形态。这些内皮细胞已经被“功能去核”,但在对炎症试剂作出反应时,它们彻底改变了生理行为,就好像它们的细胞核还毫发无损时一样。当基因缺席时,这些细胞很明显地显示了某种智能“控制”。

我的导师欧文·格尼斯堡向我建议,当细胞发生病变时,要首先考虑环境因素。二十年后,我终于领悟了他的智慧之言。DNA 并不控制生物学,而细胞核本身并非细胞的大脑。就像你和我一样,细胞是被它们的生活环境塑造的。换言之,问题在环境。

第三章

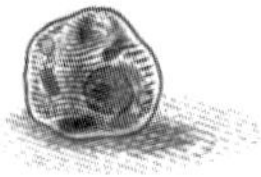

神奇的细胞膜

好了，我们已经看过了细胞中的蛋白装配机制，戳穿了细胞核为细胞运作之大脑这一观点的假象，而且认识到了环境在细胞运作中的重要作用。现在，我们就要到精彩之处了——这里有好东西，使你能理解生命，且赋予你改变生命的妙法良方。

在本章中，我要请出真正控制细胞生命的被提名人——细胞膜。我相信，等你弄懂了细胞膜化学、物理结构的工作原理后，你也会开始像我一样，把它称为神奇的细胞膜。因为这个词的一部分和大脑是异义同音字[1]，所以我有时在讲课中称它为“膜大脑”。如果了解了神奇细胞膜，理解了我在下一章中将要说到的量子物理这一令人激动的名词，再把这两种理解相联系，你就同样会知道 1953 年的小报错得多离谱。生命的真正秘密不在著名的双螺旋中。生命的真正秘密在于神奇细胞膜那优雅简洁的生理机制，利用这些机制，人体把环境信号转译成行为。

当我 1960 年开始研究细胞生物学时，我可能会认为“细胞

[1] 细胞膜的英文单词 membrane 的后部分“brane”和大脑的英文单词“brain”同音。

膜是细胞大脑”这种想法是荒谬之极的。我必须承认，在那个年代，细胞膜只不过是一个愁眉苦脸的小角色。细胞膜看起来仅仅是简单的、半渗透的三层的外皮，把细胞质中的内容包在一起。你可以把它想象成有孔的保鲜膜。

科学家错误判断细胞膜的一个原因是，它非常薄。细胞膜的厚度仅有百万分之七毫米。实际上，细胞膜太薄了，只有用二战后开发出来的电子显微镜才看得到，因此，直到二十世纪五十年代，生物学家才能确定细胞膜的存在。在那之前，许多生物学家认为，细胞质能连接在一起，是因为它具有凝胶那样的的黏稠度。在显微镜的帮助下，生物学家认识到，所有的活体细胞都有细胞膜，所有的细胞膜都有同样的三层的基本构造。然而，结构的简单性掩盖的是它功能的复杂性。

通过研究地球上最原始的生物体——原核生物，细胞生物学家深入了解了细胞膜令人称奇的能力。原核生物包括细菌和其他微生物，仅有一个包裹了一小滴糊状细胞质的细胞膜。虽然原核生物代表的是最原始的生命形式，但它们的存在是有意义的。细菌可不像弹球机里的球那样在它的天地里乱蹦。细菌像更复杂的生物一样，执行实行生命的基本生理过程。细菌进食、消化、呼吸、排泄废产物，甚至展示“神经处理”。它们能感觉到哪里有食物，然后使自己向那个点推进。同样，它们能分辨出毒质、捕食者，然后有目的地运用逃生动作来保命。换句话说，原核生物显示了智能！

原核生物的“智能”是由它细胞中的什么结构提供的呢？原核生物的细胞质中没有可在更高级的真核细胞中找到的明显的细胞器，例如细胞核和线粒体。惟一可被视作原核生物大脑候选人的有组织的细胞结构,是细胞膜。

面包，黄油，橄榄和小红椒

当我意识到细胞膜是所有智能生命的典型特征后,我便把注意力都集中于了解它们的结构和机能。我想出一个美味大餐来说明细胞膜的基本结构。这顿大餐是一个面包黄油三明治。为了使比喻更生动贴切,我加上了橄榄。实际上,我这个富有启发意义的三明治有一个特色:它含有两种橄榄,一种塞了小红椒,另一种则没有辣椒。美食家们,请不要哀叹。如果我在讲课中没提到这个三明治,就会不断有听众问:那个三明治哪儿去了?

为了说明这个三明治细胞膜如何工作,有一个简单的实验。做一个面包黄油三明治(这一次不要放橄榄)。这个三明治代表细胞膜的一个剖面图。

现在,往三明治上倒一汤匙有色染料。

如下图所示,染料从面包片上渗下去。但它遇到黄油时便停住了,因为三明治中间的油性物质提供了一个有效的屏障。

现在,我们再来做一个面包黄油三明治,这次含有填充橄榄和非填充橄榄。

现在,如果我们把染料加到面包中,再把三明治切片,就会看到不同的结果。当染料遇到一个塞了红椒的橄榄时,它停住了,就像遇到黄油一样。但是,当染料遇到没有塞红椒的橄榄时,无核橄榄提供了一个通道,使染料可以自由流动,通过三明治的中间,然后再通过面包到达盘底。

这个比喻中的盘子代表细胞的细胞质。经由无红椒橄榄,染料穿透了黄油层,到达了细胞膜三明治的另一边。染料成功地飞越了可怕的、肥厚的细胞膜屏障!

细胞允许分子突破屏障,这很重要,因为在我的三明治比方中,染料就是维生的食物。如果细胞膜仅仅就是一个面包黄油三明治,那么它会形成一个像堡垒一样的屏障,把组成细胞环境的不谐和音,即无数的分子能量信号和辐射能信号,都阻隔在外。但是,如果细胞膜是那样一个堡垒的话,细胞就会死掉,因为它得不到任何养分。当你加入无红椒的橄榄,允许信息和食物进入细胞时，细胞膜才变成一个重要而精巧的机制，使精挑细选的养分能穿透细胞内部，就像那一汤匙染料可以成功到达盘子底部。

在真实的细胞生理中，三明治的面包黄油部分代表细胞膜的磷脂。磷脂是细胞膜的两种主要化学成分之一。(另一种主要化学成分是“橄榄”蛋白质，我们下面会说到。)我把磷脂叫做“精神分裂者”，因为它们由极性分子和非极性分子组成。

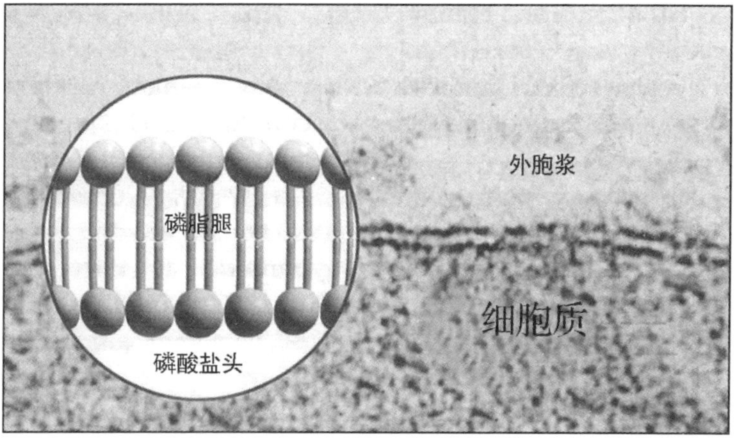

电子显微镜显示的位于人体细胞表面的细胞膜。细胞膜的暗—亮—暗分层是基于屏障中磷脂分子的排列(小图)。细胞膜中心较亮的部分相当于我们三明治里的黄油，代表由磷脂腿形成的疏水区域。而中心脂质区之上和之下的暗层相当于面包片，代表分子的亲水磷酸盐头。

磷脂既含有极性分子也含有非极性分子，这一事实听起来可能不像治疗精神分裂症的秘方，但是我保证它确实是。根据使原子结合在一起的化学键的种类，我们宇宙中所有分子都能分成极性类和非极性类。极性分子中的化学键有正电荷或负电荷,也就是它们的极性。这些分子的正电荷和负电荷使它们像磁铁一样表现,吸引或排斥其他带电荷的分子。

极性分子包括水和可溶于水的物质。非极性分子包括油和可溶于油的物质,它们的原子中没有正电荷或负电荷。还记得谚语“水油不相容”吗?油性的非极性分子和水性的极性分子也不相容。为使极性分子和非极性分子之间不会互相作用的这一情况形象化,请想想意大利色拉酱。你使劲摇晃瓶子,想让醋和油结合起来,但当你放下瓶子,它们又分开了。那是因为,和人一样,分子更喜欢使它们具有稳定性的环境。为了具有稳定性,极性(醋)分子寻求水性的极性环境,而非极性(橄榄油)分子则寻求非极性环境。磷脂分子由极性和非极性脂质区组成,寻求稳定非常困难。分子的磷脂部分被激发去寻求水,而它的脂质部分则憎水,需通过溶于油来达到稳定。

回到我们的三明治。细胞膜的磷脂形状就像有一根多余的棍子的棒棒糖(看上页的插图)。棒棒糖圆形部分的原子内有极性电荷,它相当于我们三明治中的面包。因为细胞膜的“黄油”部分是非极性的,它不让带有正极或负极电荷的原子或分子通过。实际上,这个脂质核心是一个电绝缘体,对于意在使细胞免于被环境中的分子压垮的细胞膜来说,这是一个绝好的特性。

但是,如果细胞膜仅仅只相当于一个面包黄油三明治的话,细胞会无法存活。细胞的大多数养分由带电荷的极性分子组成,它们无法逾越可怕的非极性脂质屏障,而且细胞也将无法排泄出极化的废产物。

内在膜蛋白

我们三明治中的橄榄是细胞膜中真正天才之作的部分。这些蛋白质允许养分、废物和其他形式的“信息”通过细胞膜输送。蛋白“橄榄”并非允许所有旧分子都进入细胞中,它只给那些对细胞质顺利运作有必要的分子放行。在我的三明治中,橄榄代表内在膜蛋白(IMPs)。这些蛋白把自己嵌入到细胞膜的“黄油层”,就像我在插图中的三明治里嵌入橄榄一样。

内在膜蛋白是如何嵌入到黄油中的?记住,蛋白质有一条由氨基酸装配起来的线状主链。二十种氨基酸中,有的是亲水的极性分子,有的是疏水的非极性分子。如果蛋白主链的某个区域是由连锁的、疏水的氨基酸组成,这个蛋白质片段便会找到像细胞膜脂质核心那样的亲油环境,以寻求稳定(下图中箭头所指处)——那就是蛋白质的疏水部分如何把自己融合到细胞膜的中间层去。因为蛋白主链的有些区域是由极性氨基酸组成的,而其他区域由非极性氨基酸组成,所以蛋白链就会在面包黄油三明治的外部和内部穿插出入。

内在膜蛋白有很多,名字各不相同,但它们可分成两大功能等级:受体蛋白和效应蛋白。受体内在膜蛋白是细胞的感觉器官,相当于我们的眼睛、耳朵、鼻子、味蕾等。受体内在膜蛋白的功能是充当分子的调频“纳米天线”,对具体的环境信号作出反应。有的受体内在膜蛋白从细胞膜的表面延伸到内部,监视细胞的内环境。其他的受体蛋白则从细胞的外表面延伸,监测外部信号。

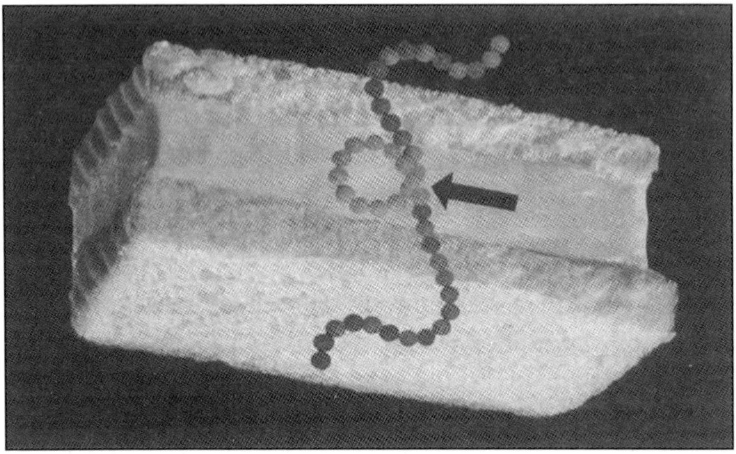

像我们先前讨论过的其他蛋白质一样，受体蛋白有一个非活动形状和一个活动形状。当电荷改变时，受体蛋白在这两个构型之间摇摆变换。当一个受体蛋白和一个环境信号结合，结果是蛋白质电荷改变，导致蛋白主链改变形状，此时蛋白质采用一个“活动的”构型。针对环境中每个需要读取的信号，细胞都有一个独特“谐调”受体蛋白。

有些受体蛋白对物理信号有反应。我们的例子是一个雌激素受体，它被特别设计以补充雌激素分子的形状和电荷分布。当雌激素在其受体的附近时，雌激素受体蛋白牢牢锁定它，就像磁铁牢牢吸住曲别针。当雌激素受体和雌激素分子结合成一个完美的“锁与匙”搭配，受体蛋白的电磁电荷改变，蛋白质转变为活动构型。同样，组织胺受体补充了组织胺分子的形状，胰岛素受体补充了胰岛素分子的形状。

受体“天线”还能读取震动能量场，例如光、声和无线电频率。这些“能量”受体上的天线像音叉一样震动。如果环境中的能量震动和受体的天线产生共鸣，它会改变蛋白质的电荷，使受体改变形状。对此我将在下一章说得更详细，但我现在想指出的是，因为受体能读取能量场，所以，“只有物理分子能影响细胞生理”的观念是过时的。生理行为可被包括思想在内的无形力量控制，也可以被物理分子控制，例如盘尼西林，后面这一事实为无药物的能量医药奠定了科学基础。

受体蛋白引人注目，但它们自身并不影响细胞的行为。受体为对环境信号的认知做准备，但细胞仍然必须进行一种适当的维生反应，而那就是效应蛋白的管辖范围。受体蛋白和效应蛋白放到一起时，就成为一个刺激—反应机制，好比医生在体检中通常会测试的反射动作。当医生用一个小木槌轻敲你的膝盖时，一根感觉神经接收了信号。感觉神经立即把这个信息传递给引起踢腿动作的运动神经。细胞膜的受体就相当于感觉神经，而效应蛋白则相当于引起动作的运动神经。受体蛋白和效应蛋白联手形成的复合体充当了开关的角色，把环境信号翻译成细胞行为。

只近年来，科学家才意识到细胞膜内在膜蛋白的重要性。事实上，它们如此重要，因此对内在膜蛋白工作方法的研究已经成为了一个独立的领域“信号转导”。信号转导科学家忙着把成百上千种复杂的信息通路分类，这些通路连接着细胞膜对环境信号的接收和细胞行为蛋白的活性化。信号转导的研究把细胞膜捧到了舞台的中央，正如表观遗传学领域正在着力渲染染色体蛋白的作用。

控制行为的效应蛋白有不同的种类，因为，为了细胞的顺利运作，有许许多多的工作要做。例如，输送蛋白这个种类就包括了通道蛋白的大家庭，它们负责把分子和信息从细胞膜屏障的一边穿梭到另一边。这又把我们带回了面包黄油橄榄三明治中的甜椒。许多通道蛋白的形状就是一个紧紧绑住的球，外表上看，像我们图片中那塞了小红椒的橄榄。当蛋白质上的电荷改变时，蛋白质改变形状，这一改变会建立一条穿过蛋白核心的通道。依据电荷情况，通道蛋白实际上是二合一的橄榄。在活动模式下，它们的结构看起来像没有塞红椒的橄榄，有一个打开的门。在非活动模式下，蛋白的形状看起来像塞了红椒的橄榄，和细胞之外的世界隔绝。

有一种特定的通道蛋白——钠钾腺担三磷酸，其活动值得引起特别注意。每个细胞的细胞膜内都有成千上万个这种通道。集体而言，它们的活动每天都几乎消耗掉人的体力的一半。这种通道的开启、关闭非常频繁，就像大甩卖那天百货商店的旋转门。每当这个通道旋转，都把三个带正电荷的钠原子从细胞质中运送出去，同时，给两个带正电荷的钾原子放行，让它们从环境中进入细胞质。

钠钾腺担三磷酸不但消耗大量能量，而且创造能量，就像从商店买来的电池，为掌上游戏机提供能量（至少是在电量被用完之前）。实际上，钠钾腺担三磷酸创造能量的活动比孩子用掉的电池要好得多，因为它把细胞变成了始终在充电的生物电池。

钠钾腺担三磷酸是这样“玩弄诡计”的：钠钾腺担三磷酸每次革命所扔出去的正电荷都比它放进来的要多，而每个细胞中都有几千个这种蛋白质。这种蛋白质的活动每秒钟都循环好几百次，因此细胞内部变得带有负电荷，而细胞外部则带有正电荷。细胞膜之下的负电荷被称为“膜电位”。当然，脂质，也即细胞膜中的黄油部分,不让带电荷的原子越过屏障,因此,细胞内部的电荷保持为负电荷。细胞外部的正电荷和内部的负电荷使细胞本质上成为一个自我充电的电池,其能量被用来支持各种生化过程。

另一种类型的效应蛋白——细胞骨架蛋白,能调控细胞的形状和能动性。第三种类型——酶,能破坏或合成分子,这就是为何酶在你当地的健康食品商店当做助消化之物被出售。一旦被活化,所有形式的效应蛋白,包括通道蛋白、细胞骨架蛋白和酶蛋白或者它们的副产品,都能用作激活基因的信号。这些内在膜蛋白或它们的副产品提供了信号,以控制围绕 DNA 形成"袖子"的染色体,调节蛋白的结合。与传统的观点相反,基因并不控制自身的活动。相反,是细胞膜受体蛋白接收环境信号,细胞膜的效应蛋白按照对这些环境信号的反应来运作。这种运作控制了基因的"读取",因此,损耗的蛋白质能被取代,而新的蛋白质能被创造。

大脑如何工作

当我了解了内在膜蛋白的工作原理后,我不得不下结论:细胞的运作主要是由它与环境的互相作用来塑造的,而不是由遗传密码。毋庸置疑,储藏在细胞核中的 DNA 蓝图是出色的分子,它们是在进化的三百多万年间累积起来的。但是虽然 DNA 蓝图很出色,它们并不控制细胞的运作。逻辑上而言,基因不能决定细胞或生物体的生命,因为细胞的存活依靠的是根据恒常变化的环境而积极调整自身的能力。

细胞膜与环境"智能"互动产生行为的机能使它成为细胞的真正大脑。让我们把细胞膜放到我们曾放入过分子的同一个"大脑"测试中去。当你毁坏它的细胞膜,细胞就死了,正如人的大脑被移除就必死无疑一般。即使让细胞膜保持完整无损,只毁坏它的受体蛋白,这个用实验室中的消化酶就很容易办到,细胞也变成了"脑死亡"。它变得昏迷不醒,因为它不再能接收细胞运作所必需的环境信号。当细胞膜的受体蛋白完好无缺而效应蛋白固定化,细胞同样也昏迷不醒。

为了展示"智能"行为,细胞需要一个起作用的、同时含有受体蛋白(认知)和效应蛋白(行动)的细胞膜。这些蛋白复合体是细胞智能的基本单位。从技术角度说,它们可以被称为"知觉"单位。知觉的定义是"通过感觉对环境要素的认知"。定义的第一部分"认知"描述了受体内在膜蛋白的功能。定义的第二部分,"感觉"一词,则是对效应蛋白作用的概括。

仔细研究知觉的这种基础单位之后,我们已经是在进行一个最终还原演习,把细胞拆卸为基本要素。关于这一点,值得注意的是,无论何时,在细胞的细胞膜中,都有成千上万个这种开关。因此,只检查某一个单独的开关并不能确定细胞行为。一个细胞的行为只能通过这种方法来理解,即任何时候都考虑全体开关的活动。这是整体主义者而非还原论者的方法,我在下章将要详述。

在细胞层面上,进化的历史就是努力使智能的基本单位——细胞膜的受体/效应蛋白——的数量最大化的历史。通过更有效地利用它们的外层细胞膜表面,通过扩张细胞膜的表面积以容纳更多的内在膜蛋白,细胞变得更聪明。在原核生物中，内在蛋白膜执行所有的生理机能，包括消化、呼吸和排泄。在进化的后来时期，细胞膜中执行这些生理机能的部分进入内部，形成膜细胞器。膜细胞器是真核细胞质的典型特征。这使得更多的细胞膜表面积可用于知觉内在膜蛋白的巨量增加。此外，真核生物比原核生物大几千倍，因此前者的细胞膜表面积迅猛增大，即有远远更多的空间来容纳内在膜蛋白。最后的结果，是真核生物有更多的知觉，更多的知觉又翻译成更大的生存能力。

通过进化，细胞的细胞膜表面扩张，但是，这扩张有一个物理限制。达到某个点后，薄薄的细胞膜就会不够强壮，无法容纳更大体积的细胞质。设想你往一个气球里面装水的情形。只要气球不装到满溢，它就能到处传递。然而，如果超过气球的容水量，气球就会轻易破裂，水洒出来。细胞膜的情形也如此，当细胞膜内有太多细胞质时，便不可避免会破裂。当细胞膜达到那个关键的规模，个体细胞的进化就到达了顶点。这说明了为何在进化的最初三百万年间，单细胞是地球上惟一的生物体。当细胞发明了另外一种方法来增加认知后，这种情况才有所改变。为了变得更聪明，细胞开始与其他细胞结合在一起，形成多细胞群落，在群落中它们能共享认知，如我在第一章所述。

再说一下，一个单细胞为保持生存所需要的功能与一个细胞群落保持生存所需要的功能是一样的。但是，当细胞组成了多细胞生物时，便开始了特化。在多细胞群落中，有劳动分工。这种劳动分工在执行专门职能的组织和器官中很明显。例如，在单细胞中，呼吸职能由线粒体执行。而在多细胞生物体中，等同于线粒体来执行呼吸职能的是组成肺的数十亿个特化细胞。

另一个例子是在单细胞中,移动是通过名为肌动蛋白和肌球蛋白的两种胞浆蛋白间的互相作用产生的。而在多细胞生物体中,特化肌肉细胞群落负责这一职能,引发能动性。每个特化肌肉细胞群落中都有巨大数量的肌动蛋白和肌球蛋白。

我重复第一章中出现的信息,因为我想强调,在单细胞中,感知环境、发动对环境的适当反应,这是细胞膜的工作;但在我们人体内,这些功能已经被我们称之为神经系统的特化细胞族所取代。

从单细胞生物体到现在,我们走过了漫长的历程。但我相信,如我之前提过的,单细胞研究对于研究复杂的多细胞生物体来说,也是一个有启发意义的途径。如果我们对细胞膜——它相当于细胞的大脑——知之够多,则即便是最复杂的人体器官大脑,也会欣然揭开其神秘面纱。

生命的秘密

你在本章中已经了解到,科学家最近取得了巨大进步,清楚了看似简单的细胞膜的复杂性。但甚至在二十年前,他们就已经描出了细胞膜机能的粗略轮廓。事实上,正是在二十年前,我第一次认识到理解细胞膜运作对改变生命的意义。我的发现时刻,很像化学上超饱和溶液的力学。这种看起来像清水的溶液充分融合了一种溶解物质。它们如此饱和,只要再多一滴溶质就会引起力学反应,所有溶解物质立即合成一个庞大的晶体。

1985 年,我租住在格瑞纳达那充满香料的加勒比岛上的一所房子里,执教于另一个“海外”医学院。那时是凌晨两点,我还在熬夜，重温多年来有关细胞膜的生物学、化学和物理学笔记。我正在回顾细胞膜的机制，力图找出它如何充当信息处理系统的头绪。就在那个时刻，我经历了瞬间的洞察，从此我便改头换面了，不是变成一个晶体，而是变成了一个以细胞膜为研究中心的生物学家，再没有任何理由让生活一团糟。

在那个拂晓时分，我重新考虑我对细胞膜组织构造的理解。开始，我凝视着棒棒糖形状的磷脂分子，注意到这些分子在细胞膜内排列得整齐有序纹丝不乱，就像阅兵典礼上刻板严肃的士兵。根据定义，如果一个分子的结构以有规律的、重复的模式排列，这种结构就称为晶体。晶体有两种基本类型。大多数人所熟悉的晶体是坚硬的、有弹性的矿物质，如钻石、红宝石，甚至是盐。第二种晶体有更为流动的结构，虽然它的分子也保持一种组织模式。为人熟知的例子是液晶，包括电子表的表面和轻便电脑的显示屏。

为了更好地了解一个液态晶体的性质，让我们回到那些阅兵式中的士兵。当前进的士兵转弯时，他们保持队列结构，虽然就个人而言他们都在移动。他们的行为就像流动的液体，但他们没有失去结晶组织。细胞膜的磷脂分子以同样的方式来行动。它们流动的结晶组织允许细胞膜动态地改变形状，同时保持其完整性。对于柔韧的细胞膜屏障而言，完整性是一个必要性质。因此，在定义细胞膜的这种特征时，我写道："细胞膜是一种液晶。"

然后，我开始考虑一个事实：一个仅有磷脂的细胞膜只会是一个没有橄榄的面包黄油三明治。在之前描写过的实验中，有色染料不能通过液态黄油层。那个面包黄油三明治是一个非导体。然而,当你加入包括了内在膜蛋白“橄榄”后,你认识到,细胞膜把有些东西导入进来,同时把其他东西阻止在外。因此我续写了对细胞膜的描述,加上:“细胞膜是一种半导体。”

最后,我想把两种最普通的内在膜蛋白加入到描述中。它们就是受体蛋白和一种称为通道的效应蛋白,因为它们为细胞吸收养分和排除废物提供了最重要的手段。我正要写细胞膜包含了“受体和通道”,但那时我又想到,受体的一个同义词是大门。于是我加上“细胞膜含有大门和通道”,完成了描述。

我坐下来,重新审视我对细胞膜的描述:“细胞膜是一种有大门和通道的液晶半导体。”我突然意识到,就在近期我曾听到或看到过同样的措辞,虽然当时我并不清楚是在哪儿遇到这些词句的。但有一点可以肯定,不是在生物科学的文章里。

我斜躺在椅子上,注意力被桌子的一角吸引了。在那儿,驻扎着我的第一台电脑,一台新买的、有笑脸的苹果机。电脑旁边放着一本明红色的书,书名是“了解你的微处理器”。这是本非技术的平装电脑工作指南,是我刚刚在一个电器商店的出口处买来的。我抓起书,在引言中找到了电脑芯片的定义。它写的是:“芯片是一种有大门和通道的晶体半导体。”

开始的一两秒钟,我为这一事实震惊不已:芯片和细胞膜有相同的技术性定义。我又花了几秒钟,聚精会神地比较、对照生物膜和硅材料半导体。当我意识到它们定义中的相同性质并非巧合时,我有一瞬间目瞪口呆。细胞膜确实在结构和功能上都等同于一个硅芯片!

十二年之后,一个由 B·A·康奈尔带头的澳大利亚研究联合机构在《自然》上发表了一篇文章,肯定了我的假设,即细胞膜就相当于电脑芯片。研究者们分离出一个细胞膜,在它下方贴了一片金箔。接着,他们用一种特别的电解质溶液充满了金箔和连接着的细胞膜之间的空间。当细胞膜的受体被一个补充信号刺激后,通道打开,允许电解质溶液通过细胞膜。金箔充当了传感器,一个电成像器件,把通道的生物电活动转化为屏幕上的数字读出。这个专为研究而建的装置证明,细胞膜不仅看起来像芯片,而且在功能上也像。康奈尔和同事成功地把一个生物细胞膜变成了一个数字读出电脑芯片。

你会问,这有什么大不了的?细胞膜和电脑芯片是等同的,这个事实意味着,把细胞比喻成个人电脑既是恰当的,也是有启发意义的,可以更好地理解细胞的运作。从这样的练习中得来的第一个了不起的见解是,电脑和细胞都是可编译的。第二个必然的推论是,程序员在电脑/细胞以外。生物学行为和基因活动与从环境中下载到细胞中的信息动态相联。

当我眼前浮现出一台生物电脑,我意识到,细胞核仅仅是内存磁盘,是一个硬驱,包含了为蛋白质产生进行编码的 DNA 程序。让我们把它称为“双螺旋内存磁盘”。在你的家庭电脑中,你可以插入这种含有大量特定程序如文件处理、图形和空白表格的内存磁盘。当你把那些程序下载到一个活动内存中,你便可以把磁盘从电脑中拿出来,而并不干预正在运行的程序。当你通过移除细胞核而拿走了双螺旋内存磁盘,细胞蛋白机器的工作会继续进行,因为创建蛋白机器的信息已经被下载了。仅当去核细胞需要被驱出的双螺旋内存磁盘中的基因程序,以取代旧蛋白或制作不同蛋白时,去核细胞才会陷入麻烦。

我作为以细胞核为中心的生物学家经受培训,就像哥白尼接受的是以地球为中心的天文学家的培训。因此,当我意识到包含基因的细胞核并不编译细胞时,我不由得瞠目结舌。通过代表细胞“键盘”的细胞膜受体蛋白,数据进入细胞/电脑。受体蛋白触发细胞膜的效应蛋白,效应蛋白则充当了细胞/电脑的“中央处理器”(CPU)。CPU 效应蛋白会把环境信息转化为生理的行为语言。

在那个清晨,我意识到,虽然生物学思想依然被基因决定论占据,但前沿细胞研究以更复杂的细节继续揭开神奇细胞膜的秘密,述说了一个大不相同的故事。

在那个转变时刻,我很沮丧,因为没有人分享我的激动心情。我独居乡村。我的房子里没有电话。因为我在医学院教书,我想到,肯定会有几个学生还在图书馆学习。我匆匆套上衣服,冲到学校,去把激动人心的新发现告诉其他人。

我跑进图书馆,气喘吁吁,双眼圆睁,头发凌乱,一个典型的心不在焉的教授形象。我认出了一个一年级的医学生,跑上前去喊道:“你得听听这个! 这是个伟大的发现!”我依稀记得,他从我身边走开,差点被这个粗野地打破图书馆宁静的疯疯癫癫的科学家吓着了。我立刻滔滔不绝地开始讲解我对细胞的新理解,用上传统细胞生物学家所用的复杂的多音节术语。演讲完毕后,我沉默下来时,等待听众的祝贺,或者至少是一声“好极了”,但什么也没听到。现在轮到他睁大眼睛了。他能说的只有这一句:“利普顿博士,你还正常吧?”

我顿时傻眼了。这学生根本什么也没听懂。事后想来,我意识到,作为还在上第一个学期的医学学生,他没有足够的科学背景知识或科学词汇量来理解我那显然是在咆哮的演说。然而，当时我感到无可奈何。我手握着生命秘密的钥匙，但没人能够理解我！我承认，在大多数同事那儿，我也不怎么走运，虽然他们都受过多音节术语的训练。关于神奇细胞膜，就说这么多了。

这些年来，我精心推敲关于神奇细胞膜的发言内容，并继续不断地完善它，好让一年级医学生和门外汉也能理解。我还根据最新研究不断更新内容。通过这样做，我从各类人士中找到了多得多的乐于接受的听众。我也找到了更多听众来欣然倾听我在发现时刻的精神内涵。对我来说，转变成以细胞膜为中心的生物学是激动人心的，但那还不足以让我跑到图书馆去狂叫。在加勒比的那个时刻不仅把我转变为一个以细胞膜为中心的生物学家，它也让我从一个不可知论科学家变成了一个正式的神秘主义者，相信永恒的生命会超越肉体。

我说到后记中的故事的精神部分了。现在，让我来重申神奇细胞膜的教训：把生命的控制权交到我们自己手里，而不是交给孕育时刻那随机转动的基因骰子。

我们是我们自己生物学的掌控者，就像我是这个文字处理程序的操作员一样。我们有能力编辑我们输入生物电脑中的数据，就像我可以选择我要打的字。当我们理解了内在膜蛋白如何控制生物学，我们就变成了命运的主人，而不是基因的受害者。

第四章

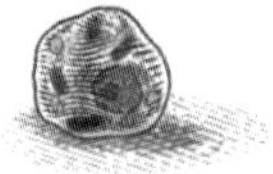

看不见的能量

二十世纪六十年代，当我还是一个理想高远的生物系本科生时，我就知道，要想祈求进入著名的研究生院，就必须学习一门物理学课程。我的大学提供一个基本入门课程，大约是《物理学一零一》之类，以非物理学专业学生易于理解的方式覆盖了物理学的基本课题，例如重力、电磁、声学、滑轮和倾斜平面。还有另一门叫做《量子物理学》的课程，但是几乎所有的同学都像躲避瘟疫一样避开它。《量子物理学》笼罩着神秘色彩——我们生物学专业生都相信，那是一门非常非常“奇异”的科学。我们觉得，只有物理学专业学生、受虐狂和彻头彻尾的傻瓜才会把五个学分的赌注押在一门前提是“来无影去无踪”的课程上。

在那时，我能想到的选择量子物理学课程的惟一原因是，它会成为聚会上搭讪的绝好话题。在那个桑尼和雪儿[1]走红的年代，如果对别人说：“嗨，宝贝，我对量子物理学很有兴趣。你是

① 桑尼和雪儿(Sonny and Cher)是美国二十世纪七十年代最受欢迎的二人重唱乐团。

什么星座的?”那可真是酷毙了。另一方面,虽然听起来不太真实——我从来没在聚会上看到过量子物理学家;实际上,在任何其他地方都没有看到过。我想别人也听不懂什么。

因此,我详审我的成绩单,衡量各个科目的利弊,快刀斩乱麻地选择了《物理学一零一》。我渴望成为一个生物学家。我可没兴趣把自己的职业抱负都依靠在某门高声赞美短命的玻色子、夸克[①]的物理学上。不止是我,实际上其他每个生物专业的学生,对量子物理学要不漫不经心,要不就完全忽视,因为我们所向往的是研究生命科学。

有了这种态度,我们生物系学生对充满了方程式和数学运算的物理学知之甚少,也便不足为奇。我知道重力—重物的重心在底部,而轻的物体重心在顶部。对于光,我也略有所知——植物色素如叶绿素、动物视色素如视网膜内的视紫质,都会吸收光线中的某些颜色,而对其他颜色是“盲的”,毫无反应。我甚至还知道一点点气温的知识——高温会“融化”生物分子,使它们钝化;低温则会冷冻并保存分子。显然,我稍有夸张,目的是强调生物学者习惯上是不太懂物理学的。

甚至在我遗弃了以细胞核为基础的生物学,转向以细胞膜为基础的生物学后,我仍然不能理解这一转变的全部涵义——我缺乏量子物理学知识这一背景便是原因。我知道,内在膜蛋白与环境信号沟通,驱动细胞。但是我对量子宇宙一无所知,因此,对于启动这个过程的环境信号的性质,我不能完全领会。

直到 1982 年,我读完研究生的十年之后,我才终于知道,在

---

① 夸克是构成质子、中子等的细小粒子。

大学跳过了量子物理学是个巨大的损失。我相信，如果在大学被引导进入量子世界，我成为生物学的叛逆者就会早得多。但是在 1982 年的那一天，我正离家一千五百英里，坐在加州大学伯克莱分校的仓库，为这样一个事实哀叹伤怀：我为摇滚演出放弃了科学生涯，但进行摇滚演出的企图又失败了。我和整个团队都陷于困境——开了六场音乐会后，我们没钱了。我没有现金，而且，每当我拿出信用卡，商人的信用审批机器就会显示一个骷髅头警告标记。我们只能喝咖啡、吃炸面圈度日。对于演出的中途夭折，我们经历了伊丽莎白·库伯勒·罗斯①所描述的五个阶段：拒不接受、怒不可遏、讨价还价、沮丧消沉，最后悻然接受。但，在“悻然接受”的时刻，在黑暗的坟墓般的混凝土仓库内，尖利刺耳的电话铃声打破了沉默。电话响个不停，令人生厌，但我们都充耳不闻。肯定不是找我们的——没人知道我们在哪儿。

最后，仓库的经理接了电话，我们终于又回归了沉默。在安静的、凝固的气氛中，我听到经理回答：“是，他在。”当时，我从生命中最黑暗的深处抬起头，看到电话朝我伸过来。是两年前曾经聘用过我的那个加勒比医学院。学校的校长花了两天时间，查明了我从威斯康星到加利福尼亚的飘忽不定的行踪，问我是否有兴趣再去教解剖学。

我有兴趣吗？熊对蜂蜜有兴趣吗？我的回答是：“你想我什么时候上班？”他说：“昨天。”我告诉他，我很喜欢那工作，但我

---

① 伊莉莎白·库伯勒－罗斯（Elisabeth Kübler－Ross，1926—2004），生于瑞士，医学博士、精神病学家，全球知名的生死学大师，致力于协助濒死的病患者安详面对死亡。

要求加薪。当天,学校就把钱汇过来了。我把这笔收入和同伴们瓜分了。然后我飞回麦迪逊,为在热带长期逗留做准备。我告别了女儿,匆匆收拾行装,整理一些日用品。二十四小时之后,我已经回到了芝加哥国际机场,等待泛美公司的航班"飞剪船"①把我带到我的伊甸园。

到现在,你肯定在想,我摇滚生涯的失败和量子物理学有什么关系——欢迎领略我的另类授课风格！对于线性思维的人来说,我们正式回到了量子物理学。通过量子物理学,我高兴地得知,科学家仅用线性思维是无法理解宇宙秘密的。

倾听内心的声音

等飞机时,我突然想到,我要在飞机上系着安全带坐五个小时,却没有东西可阅读。登机口关闭之前,我离开队列,沿着大厅跑到书店。要在几百本书中间挑出一本书,同时还要担心飞机可能会关上门把我抛在身后,这几乎使我气馁。在混乱状态中,一本书跳入眼帘:物理学家汉斯·R·佩格斯的《宇宙密码——作为自然语言的量子物理学》。我飞快地浏览了书套,发现这是本为门外汉写的量子物理学书籍。大学时便已显露的量子物理学恐惧症依然附身,我马上放下书,开始寻找读起来更轻松的书。

时间已经所剩无几了,我拿起一本号称最畅销的书,跑到收银台。正当收银员要把这本销量第一的书输入计算机时,我向

① 泛美航空(PanAm)旗下的大部分飞机都以"飞剪"(Clippers)命名。

上看了一下，在收银员身后又看到了一册佩格斯的那本书。在付款过程的中途，在时限已到之时，我最终突破了素来对量子物理学的憎恶，让收银员帮我加上一本《宇宙密码》。

登机后，我从书店旅程的忙乱中冷静下来，玩了一个字谜游戏，最后才开始看佩格斯的书。我发现这本书点燃了我的热情，虽然我不得不持续地一遍遍地重读各个部分。整个飞行途中、在迈阿密中途停留的三个小时以及到天堂岛的三个小时的飞行中，我都在读这本书。佩格斯彻底抓住了我的心！

在芝加哥登机之前，我从不知道量子物理学会和生物学这样一门关于生物体的科学有任何关联。当飞机到达我的天堂岛时，我处于一种智力休克状态。我认识到，量子物理学和生物学是有关联的，生物学家如果忽视量子物理学定律，就是犯了一个显而易见的科学错误。毕竟，物理学虽然是所有科学的基础，但是对于世界如何运作，我们生物学家仍然在依赖过时的、尽管有条理的牛顿学说。我们紧紧抓住牛顿的物理世界，而忽视爱因斯坦那看不见的量子世界。在量子世界中，物质实际上由能量组成，没有绝对。在原子层次上，物质甚至不能确定地存在；它只作为一种倾向而存在。我对生物学和物理学的确信全都化为乌有了！

回想起来，我和其他生物学家早就该明白，牛顿物理学虽然对于超理性科学家来说是简洁的、令人宽慰的，但它不能提供关于人体的所有真相，更别说宇宙真相了。医学一直在进步，但生物体固执地拒绝被量化。关于化学信号机制——包括荷尔蒙、细胞因子（控制免疫系统的荷尔蒙）、生长因子和肿瘤抑制基因——的发现如雨后春笋一般涌现，但都不能解释许多超常的现象。自然痊愈力、超自然现象、力气和耐力的奇迹、在火红的煤块上行走而不会烧伤的能力、通过周身移动银针而消除病痛的针灸能力，乃至许多其他超自然现象，都在向牛顿的生物学挑战。

当然，当我身为医学院教职员时，我没有想过这些。我的同事和我都教我们的学生不要理会那些归因于针灸、推拿、理疗、祈祷等的治疗方法。事实上，我们做得很过分。我们把这些实践嘲讽为江湖郎中的骗术，因为我们被一种老式的牛顿物理学的信念牢牢拴住。能量场对控制我们的生理机能和健康有影响；我刚提到过的这些治疗方法，都建立在这一信念的基础上。

物质的假象

醉心于量子物理学后，我就认识到，傲慢地遗弃那些建立在能量基础上的实践是一种目光短浅的做法，就像哈佛大学物理系的主席加里·祖卡夫一样。加里·祖卡夫的《与物理大师共舞》一书中记载，他在1893年曾警告学生：世界不再需要物理学博士。他吹嘘道，科学研究已经确定宇宙是一个“物质机器”，由物理的、单个的原子组成，完全遵守牛顿力学定律。留给物理学家的惟一任务，是要改进这一定律的测量方法。

短短三年后，科学家便发现，原子本身由更小的亚原子元素组成。由此，“原子是宇宙中最小物质”的观点谢幕。比亚原子粒子的发现更为震撼世界的是，原子放射出形形色色的“奇怪的能量”，例如X光和放射线。二十世纪到来之际，新一代的物理学家发展起来，他们的任务是探测能量和物质结构之间的关系。

又一个十年后，物理学家遗弃了对于牛顿力学物质宇宙的信念，因为他们认识到，组成宇宙的是能量，而不是悬浮在虚空空间的物质。

量子物理学家发现，物理的原子由不断飞速旋转、振动的能量漩涡组成；每个原子都像一个摆动的、放射能量的陀螺。因为每个原子都有其特定的能量印记（摇摆），原子装配（分子）共同散发辐射它们自己的表明身份的能量模式。因此，宇宙中的每一个物质结构，包括你和我，都散发一个独特的能量印记。

如果按照理论可能性，用显微镜看到实际的原子组成，我们将看到什么？请想象径直穿过沙漠地面的旋转尘暴。现在，从漏斗云上把沙和土移走，你留下的是一个看不见的、龙卷风状的漩涡。一些称为夸克的极端微小的尘暴状能量漩涡和光子共同组成了原子的结构。从远处看，原子可能会看起来像一个模糊不清的球体。原子的结构越靠近中心点，就变得越不清楚，越无法分辨。到了原子的表面，它就会消失，你会什么都看不到了。实际上，如果你把目光集中于原子的整个结构，你能看到的只是一个物理上的空虚。原子并没有物理结构——皇帝并没有穿衣服！

还记得你在学校学到的原子模型吧，有大理石和滚珠轴承、像太阳系一样不断转动的那个。我们把那张图放到量子物理学家发现的原子“物理”结构的旁边。

牛顿力学的原子　　量子原子

不，不是印刷错误；原子由看不见的能量组成，而不是可感知的物质！

因此，在我们的世界中，物质实体（物质）是从子虚乌有中出现的。想起来是有点怪。现在你正把这本书捧在手中。但是，如果用一个原子显微镜注视书的物质实体，你会看到，你手里什么也没有。事实表明，我们这些生物专业的本科生对于一件事是正确的——量子物理学的确令人抓狂。

让我们更近距离地看看量子物理学"来无影去无踪"的本质。物质可同时被定义为实体（粒子）和无形体的力场（波）。当科学家研究原子的物理属性，例如质量和重量，它们看上去和行动起来都像物质。然而，当同样的原子被用电压电位和波长来描述时，它们便显示出能量（波）的质量和属性。能量和物质是同一个东西，这个事实正是爱因斯坦总结出 $E = mc^2$ 时认识到的。简单说来，这个方程式指出，能量（E）等于物质（M，质量）乘以光速的平方（C^2）。爱因斯坦揭示，我们并不是与被无效空间分隔开的离散的物理对象同居于宇宙。宇宙就是一个不可见的动态的整体,在其中,能量和物质紧紧纠缠无法分离,不可能把它们看成是独立的元素。

它们不是副作用……它们就是作用

物质的结构和行为原来是由如此极端不同的机制所控制的,这一认识应当为生物医学提供新的视角,以了解健康和疾病。然而,甚至是在量子物理学的发现之后,生物学家们和医学学生还是继续接受老式训练,把身体仅仅视作一个遵照牛顿力学定律运行的物理机器。在寻求身体机制如何受“控制”的知识时,研究者们集中精力调查不同种类的物理信号。这些信号被分类为抽象的离散的化学族,包括之前提过的荷尔蒙、细胞因子、生长因子、肿瘤抑制因子、信使和离子。然而,因为牛顿力学的唯物质论偏见,传统研究者完全无视能量在健康和疾病中的作用。

另外,传统生物学家是还原论者,他们相信能够通过拆分细胞、研究它们的化学构成要素来了解我们人体的机制。他们相信,对身体负责的生化反应是通过亨利·福特风格的流水线来产生的:一个化学物引起一个反应,接着是另一种不同的化学物和另一个反应,等等。

这种还原论的模型认为,如果系统中因为疾病或功能障碍出现一个问题,问题的源头能够归罪于化学流水线上某一个步骤的失常。通过向细胞提供一个功能替代部分,取代出错的元素,例如开药品药方,有缺陷的单点理论上就能得到修复,回复健康。这个假想鼓励了药物工业,驱动他们研制魔弹,研究用遗传工程方法变动或创造基因。

然而,量子观点揭示出,宇宙是互相依存的能量场的一体化,这些能量场都紧密纠缠在一个互相作用的网状物中。生物医学家被证明是大错特错,因为他们没有认识到组成整体的实体部分和能量场之间交相会通的巨大复杂性。还原论者所持的线性信息流知觉是牛顿力学宇宙的典型特点。

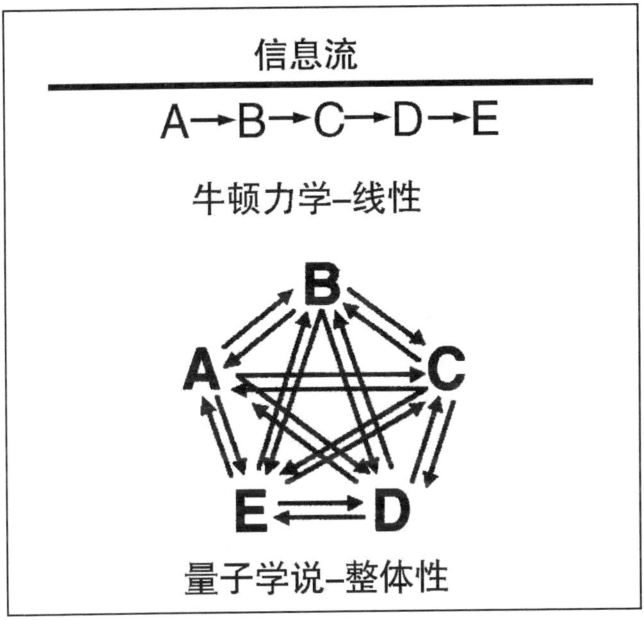

对照之下,量子宇宙中的信息流是整体性的。分子成分被编织到一个充满串扰、反馈、前馈通信环路的复杂网络中。生理上的一个功能障碍可能源于信息流上任一路线上的误传。为了调整这个复杂的互动系统的化学作用,需要比仅用药物调整一个信息通路要素多得多的知识。如上图所示,从 A 到 B 到 C 到 D 到 E 的线性信息流中,如果改变 C 的浓度,受影响的不仅仅只是 D 的作用。通过整体性的通路,C 的浓度变化极大地影响 A、B、E 和 D 的行为和功能。

认识到了物质和能量间复杂的相互作用的性质后,我便知道,对于疾病,用还原论者的线性(A > B > C > D > E)方法甚至无法得到近似的了解。量子物理学暗示了那种互相关联的信息通路的存在,而近来描绘细胞中的蛋白—蛋白互相作用的开创性研究,则证实了那些复杂的整体性通路的实际存在。下一页的插图显示了一个果蝇细胞中一些蛋白质之间的互相作用。连接线代表蛋白—蛋白互相作用。

显而易见,生理的功能障碍可能是复杂通路中任意一处误传引起的。如果你在一个那么复杂的通路中改变一个点上的一个蛋白质的活动范围,那你就不可避免地改变了纠结的网络中无数个点上的其他蛋白质的活动范围。此外,请看下页图中的七个圈,它们根据蛋白质的生理功能把蛋白质分组。注意,一个功能组中的蛋白质,例如那些与性别决定有关的蛋白质(箭头处),也会影响那些功能完全不同的蛋白质,如与 RNA 合成相关的蛋白质(即 RNA 解旋酶)。用牛顿力学进行研究的科学家没有充分理解细胞生理信息网络中广泛的互相联系。

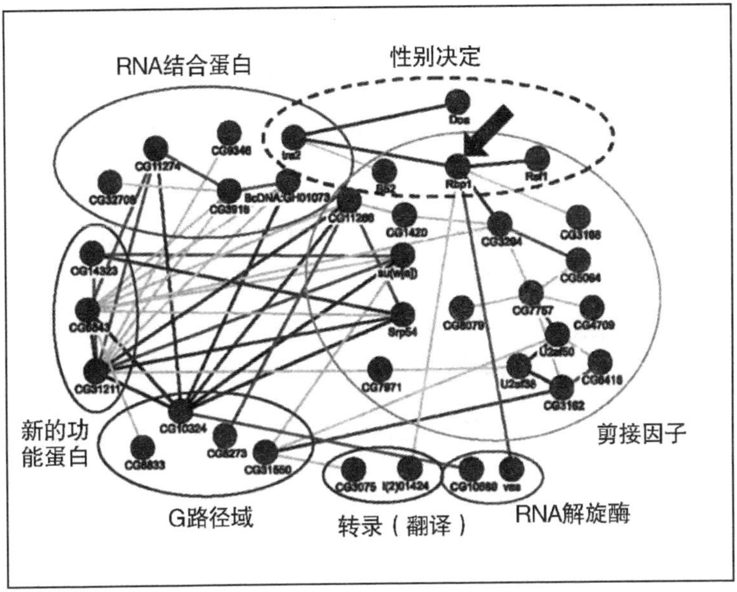

上图是在一个果蝇细胞中发现的很小一套细胞蛋白(暗色的圈和有编号的圈)互相作用的示意图。大多数蛋白质与RNA分子的合成和新陈代谢相关。椭圆形中的蛋白质根据特定通路功能分组。连接线指示了蛋白的相互作用。不同通路中的蛋白质互相联系,这表明一个蛋白质受到干扰时会如何在其他相关通路中引起巨大的“副作用”。如果同一个蛋白质被用于完全不同的功能,则可能会引发更广范围的“副作用”。例如,同一个Rbp1蛋白(箭头处)用于RNA新陈代谢,也用于和性别决定相关的通路。

这些信息网络通路的示意图强调了处方药的危险性。我们现在可以明白为什么医药药品总是有长长的信息单,列出各种副作用,其范围从刺激到致死。当一种药物被引入体内以治疗一个蛋白质的功能失常,那种药物不可避免地和至少一个、可能是很多个其他蛋白质产生互相影响。

药物副作用复杂化这个问题,也是生物系统冗余的事实。相同的信号或蛋白分子可能同时被用在不同的器官和组织中,发挥完全不同的行为功能。例如,当处方开出一种药以更正心脏中一个信号通路内的功能障碍,那种药经由血液,传送到整个身体中。如果大脑也使用目标信息通路的组成部分,则这种"心脏"药物能无意地扰乱神经系统的机能。这种冗余使处方药物的效果复杂化,但它也是进化的另一个非常高效的结果。多细胞生物体能够用比科学家曾经设想的少得多的基因来存活,正是因为同一个基因产物(蛋白质)被用于多种功能。这和用字母表上的二十六个字母来组成我们语言中的每个单词是相同的。

在对人类血管细胞的研究中,我直接感受了冗余信号通路强加的限制。在身体中,组织胺是一个重要的化学信号,它发起细胞的应激反应。但组织胺出现在滋养手臂和腿的血液中,压力信号在血管壁上产生很大的裂孔。血管壁上这些孔的开口是发起局部炎症反应的第一步。但是,如果组织胺被加入到大脑血管中,同一个组织胺信号会增加神经元的营养素流量,提高神经元的生长和专门职能。在压力时刻,以组织胺为信号的营养素增加使大脑能够稳步提升其活动,应对已察觉到的即将发生的紧急情况。这个例子说明,同一个组织胺信号能引起两种南辕北辙的效果,其效果决定于信号释放的地点。

身体的复杂信号系统的一个巧妙特点是它的明确性。如果你手臂上有毒常春藤皮疹,持续瘙痒是由组织胺释放引起的。组织胺这种分子信号,激活对常春藤过敏原的一种炎症反应。既然没有必要在全身都开始抓痒,组织胺仅仅在有皮疹的地方释放。同样，当一个人遭遇压力很大的生活经历，大脑中的组织胺释放会增加对神经组织的血流量，提高为生存所必需的神经处理。大脑中用于应对压力行为的组织胺释放是受限制的，不会导致身体其他部分都开始炎症反应。就像国民警卫队，组织胺仅仅在有必要的时候被调配到有需要的地方。

但是，大多医学工业的药物都没有那种明确性。当你摄入抗组胺剂来对付过敏性皮疹的瘙痒，你摄入的药物被系统性地分布。它在全身所有有组织胺的地方都影响组织胺受体。是的，抗组胺剂会抑制血管的炎症反应，极大地减少过敏性症状。然而，当抗组胺剂进入到大脑，它会不经意地改变神经循环，然后对神经功能产生影响。那就是为什么人们服用了非处方的抗组胺剂后，可能会感到炎症减轻，但同时也体验昏昏欲睡的副作用。

药物治疗悲剧性不良反应的最近例子是合成激素替代疗法（HRT），它的副作用是使人虚弱，甚至威胁生命。雌激素最为人知的影响是在雌性生殖系统的功能上。然而，对雌激素受体在体内分布的更近研究揭示出，雌激素，当然还有它们的补充性雌激素信号分子，在血管、心脏和大脑的正常功能中都有重要作用。医生通常开出合成雌激素的处方，以减轻与女性生殖系统关闭相关的更年期症状。然而，药物性雌激素治疗并不仅仅把药效集中在预定的目标组织上。药物同样影响和扰乱心脏、血管和神经系统中的雌激素受体。合成激素替代疗法显示出令人不安的副作用，会导致心血管疾病、神经功能障碍，如中风。

医源性疾病，即起因于医疗的疾病，是致死的首因。其主要原因便是不良药物反应，像引起荷尔蒙替代疗法（HRT）争议的副作用。根据《美国医学会杂志》发表的保守估计，医源性疾病是美国人死亡的第三大原因。每年有十二万人死于处方药物的不良反应。然而，去年，以政府统计的为期十年的调查结果为基础的新研究得出了更令人沮丧的数据。那个研究的结论是，医源性疾病实际上是美国人死亡的首要原因。美国人的头号杀手是处方药的不良反应，它导致每年超过三十万人死亡。

这些数据令人惊慌失措，尤其是对于康复行业。它把三千年来有效的东方药物认定为“不科学”而高傲地遗弃，虽然后者是建立在对宇宙更深入了解的基础上。几千年来，早在西方科学家发现量子物理学定律之前，亚洲人就已经把能量尊奉为保护健康和安适的主要因素。在东方医学中，人体由一个名为“经络”的各种能量通路的精巧阵列所定义。在中国的人体生理图上，这些能量网络看起来就像电子接线图。利用针灸针这样的辅助物，中国的医师测试病人的能量循环，其方式正如电机工程师对印刷电路板进行故障检查，寻找电路的“病理”。

医师：药品的替罪羊

但是，虽然我对东方药物的古老智慧很崇拜，但我并不想攻击那些开出大量处方药物而提高医疗事业杀伤力的西方医生。医生处在智力岩石和企业硬地的夹缝中。他们是巨大的医疗产业的走卒。他们的治愈能力被早已过时的医疗教育所阻碍，这种教育建立在牛顿学说、唯物质论的宇宙观上。不幸的是，七十五年前，当物理学家正式接受量子力学，认同宇宙实际上由能量组成时，那种哲学就已经不吃香了。

那些相同的医生在毕业后，又接受了来自药物销售代表的关于医药产品的继续教育。这些代表是全体医疗保健工业的听差。实质上，这是些外行，他们以销售产品为主要目标，向医生提供关于新药物功效的资讯。药物公司免费提供这种“教育”，因此他们可以劝服医生去“推销”其产品。显而易见，这个国家巨大数量的处方药，违反了每个医生都宣读过的希波克拉底誓言[①]中的“首先，不要为害”这一律条。我们被医药企业牵着鼻子走，这个国家充斥着处方药冲击力上瘾者，而这些人的结果都是悲剧性的。我们需要往回走，把量子物理学的发现吸收到医学中，因此我们可以创造一个新的、更安全的、和自然法则相协调的医疗系统。

物理学和医学：晚一天，少一美元

物理科学对量子物理学的应用已经取得了轰动性的结果。1945 年 8 月 6 日，使人类正视量子宇宙现实的警钟敲响了。那一天，在广岛落下的原子弹证实了量子理论投入实践后的惊人威力，戏剧性地开启了原子时代。用更有建设性的基调说，量子物理学使作为信息时代基础的电子奇迹成为可能。量子力学的应用为电视机、电脑、电脑断层扫描、激光、宇宙飞船和手机的发展做好了直接准备。

但是，在生物医学界，有哪些伟大而非凡的进步可归功于量

---

① 希波克拉底誓言，确定医生对病人、对社会的责任及确定医生行为规范的誓言。希波克拉底是公元前五世纪～前四世纪著名的希腊医生。

子革命？让我们根据其重要性列出来：

名单很短——一项都没有。

虽然我强调在生物科学内应用量子力学原则的必要性，但我并不是在主张医学要抛弃那些根据艾萨克·牛顿原则而学到的宝贵教训。更新的量子力学定律并不否定经典物理学的结果。星球依然在依据牛顿数学预测到的轨道上移动。两种物理学的不同之处在于，更确切地说，量子力学适用于分子和原子领域，而牛顿力学定律适用于更高层的组织，例如器官系统、人，或人种群。当你能看到和感觉到肿瘤时，疾病如癌症的表现可能在一个微观层面上出现。然而，引发癌症的过程启动于受感染细胞内的分子层面。实际上，大多数生理功能障碍（物理创伤引起的除外）开始于细胞分子和离子的层面。因此，一门融合了量子力学和牛顿力学的生物学很有必要。

谢天谢地，有一些富有卓识远见的科学家也主张这种融合。四十多年前，著名的生理学家、诺贝尔奖得主阿尔伯特·圣-乔其[①]发表了一本名为《亚分子生物学导论》的书。他在著作中，教育生命科学家群体要认识到在生物系统中应用量子物理学的重要性。不幸的是，在他的保守同仁们看来，这本书是一个曾经杰出而今老朽的老人的胡说八道；书出版后，这些人只是对“失去”前同事表示惋惜。生物学家基本上都仍未认可圣-乔其这本书的重要性，但是研究已经表明，他们迟早都不得不认可，因为科学证据正在以其影响力扳倒老旧的唯物质论范式。你还记

① 阿尔伯特·圣-乔其（Albert Szent-Gyorgyi，1893—1986），匈牙利裔美籍生物化学家，一生致力于维生素C的研究。

得作为生命基本内容的蛋白分子的运动吗？科学家曾试图利用牛顿力学来预测那些运动，但一无所获。到现在，你肯定能猜出来是为什么。在2000年，V·波普赫里斯蒂奇和L·古德曼在《科学》杂志上发表的文章指出，是量子物理学定律，而非牛顿力学定律，控制了分子那些创造生命的运动。

在评述这些为自然所做的开拓性研究时，生物物理学家F·魏茵霍德总结道："要等到何时，化学课本才能帮助人们理解量子力学关于分子旋转门如何运转的启发性观点，而非阻碍理解？"他进一步强调："是何种力量支配分子的扭曲折叠，使它们形成复杂形体？不要在你的有机化学课本中寻找答案。"然而，有机化学为生物医学提供了机械论的基础；如魏茵霍德所指出的，那一科学分支落后于时代太远了，因此它的课本还不能认同量子力学。传统医学研究者，对真正为生命做准备的分子机制一无所知。

过去五十年内，无数科学研究连续发现：电磁波谱的"看不见的力量"极大地影响生物调控的每个方面。这些能量包括微波、无线电频率、可见的光谱、极低频、声频，乃至新发现的一种称为"标量频率能量"的力量形式。电磁辐射特定的频率和模式调节DNA和RNA以及蛋白合成，改变蛋白质的形状和功能；它也控制基因调控、细胞分裂、细胞分化、形态发生（细胞装配成器官和组织的过程）、激素分泌和神经生长的功能。这种细胞每一个活动都是有助于生命展开的基本行为。虽然这些研究论文已经在一些最权威的主流生物医学杂志上发表，它们的革命性发现仍未被纳入到医学院的课程中。

四十年前，哈佛大学生物物理学家C·W·F·麦克莱尔在一项重要研究中计算和对比了生物系统中能量信号和化学信号的信息传输效率。他的研究“生物能量共振”发表在《纽约科学院年报》上。文章揭示：能量信号机制，如电磁频率，在传送环境信息时，比物理信号，如激素、神经传递素和生长因子等，效率高一百倍。

能量信号如此高效并不奇怪。在物理分子中，可传输的信息直接与分子的可用能量相连。然而，由于制造和破解化学键时会引发热量，用于传输信息的化学偶联都伴随着能量的大量流失。热化学偶联浪费了大部分的分子能量，只有少数能量保存下来，这就限制了可作为信号被传输的信息的数量。

我们知道，为了保持存活，生物体必须接收和翻译环境信号。实际上，生存与信号传输的速度和效率直接联系。电磁能量信号的速度是每秒十八万六千英里，而扩散性化学物的速度大大少于每秒一厘米。能量信号比物理化学信号高效一百倍，快无限倍。你的数以万亿计细胞组成的群落会选择哪一种信号？做做这个数学题！

买药

我相信，能量研究被完全忽视的主要原因可归结于纯经济因素。身价万亿美元的制药工业掷下研究经费，投入对以化学物质为形式的魔弹的研究，因为药丸就是钱。假如能量疗法能够制成药丸形式，药物制造商们马上就会兴趣盎然。

与此相反，药物制造商故意曲解生理和行为之间与某些假设规范不同的偏差，将它们看作特有的不适和功能障碍，然后向公众强调这些不适的危险性。当然,在流行的药物公司广告中,用于定义功能障碍的那些过于简化的症候自有信服的观众,这些人相信自己受到特别疾病的折磨。“你焦虑吗?焦虑是一种名为焦虑性障碍的‘医学疾病’的主要症状。停止你的焦虑。告诉你的医生,你想要那种粉红色的新药 Addictazac。”

同时,媒体实质上是把我们的注意力引向非法药物的危险性,以避开药物引起死亡的问题。媒体告诫我们,利用药物来逃避生活难题,这不是解决问题的办法。真有意思……我正要用一模一样的句子来描述我对滥用合法药物的担忧。它们危险吗?问问去年死了的那些人吧。用处方药来压制身体症状,会让我们忽视可能与症状发作有关的个人原因。处方药物的过度使用推脱了个人责任。

我们的药物狂让我想起读研究生时在汽车经销处的一份工作。一个星期五的下午,四点三十分,一个怒发冲冠的妇女闯进了店内。她的汽车的“服务引擎灯”在狂闪,虽然她的车已经因为同样的问题维修过好几次了。在星期五下午的四点半,谁愿意接手一个将要耗时很长的麻烦事,对付一个暴怒的妇女?每个人都不做声,只有一个机械师说道:“我来处理吧。”他把车开回停车位,躲到挡泥板后面,把灯泡从信号灯那儿取下来扔掉了。然后,他打开一罐汽水,点燃了一支烟。过了一段适当的时间,这个机械师回来,告诉妇人,车已经修好。妇人看到警告灯已经停止闪动,喜出望外,兴高采烈地把车开到了落日的余晖中。虽然问题的原因依然存在,但症状已经消失。同样地,医药药品能抑制身体的症状,但是大多数的药物药都只治标,不治本。

“等一等！”你会说，“时代已经不同了。”我们现在对于药物的危险性知道得更多，更能包容替代疗法。不错，因为过半的美国人都拜访过补充医疗执业者，因循守旧的医生们再也无法采取鸵鸟政策，希望其他治疗方法都消失。保险公司甚至开始为他们之前认为是江湖医术的医疗服务买单，一些大的教学医院也允许少数这种执业人员在医院内执业。

但是，甚至在今天，也很少有严谨的科学方法来评估补充性医疗的有效性。得力于公众关心的压力，美国国立卫生研究院确实建立了一个“替代医疗”的分支，但那只是一种象征性做法，以抚慰为替代保健方法花费甚巨的活动家和消费者。问题在于，如果没有支持性研究，以能量为基础的治疗方式就会被官方标记为“非科学”。

好的共鸣，坏的共鸣，以及能量语言

奇怪的是，传统医学虽然仍未专心研究能量在生物系统中扮演的“信息”角色，却接纳了读取那种能量力场的非侵入性的扫描技术。量子物理学家研制了能量扫描仪，以分析特定化学物的放射频率。这些扫描系统使科学家能够识别材料和物质的分子构成。物理学家采用这些仪器来读取我们身体的组织和器官放射出的能谱。因为能量力场能轻易地穿过肉体，这些现代仪器，例如电脑断层扫描、磁共振成像扫描和正电子成像术(PET)扫描，能够非侵入性地查出疾病。通过区分扫描图像上健康组织和病变组织的光谱能量特征，医师就能够诊断内部问题。

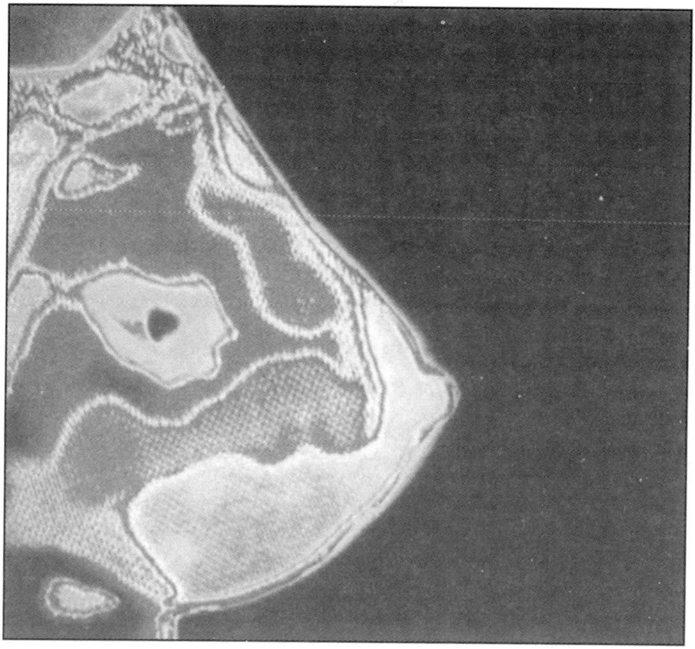

乳腺造影。注意,上图并非一个乳房的照片。它是通过扫描器官的细胞和组织的辐射能特征而创制的一个电子影像。能谱上的细微差别使放射科医生能够区分健康组织和病变组织(中央的黑点)。

上图中所示的能量扫描显示了乳癌的存在。病变组织放射它自己独有的能量印记,与周围健康细胞放射的能量不同。穿过我们身体的能量印记以无形光波的形式穿越空间,就像池塘水面的波纹。如果你把一块鹅卵石扔进一个池塘,下落的鹅卵石所携带的“能量”(出于拉动其质量的重力)被传送给水。鹅卵石引起的波纹实际上是穿越水的能量波。

如果把一块以上的鹅卵石同时扔进水里,从每个源头扩散的波纹(能量波)会互相干扰,形成两个或更多波纹相交的复合波。这种干扰可以是建设性的(放大能量)或破坏性的(减消能量)。

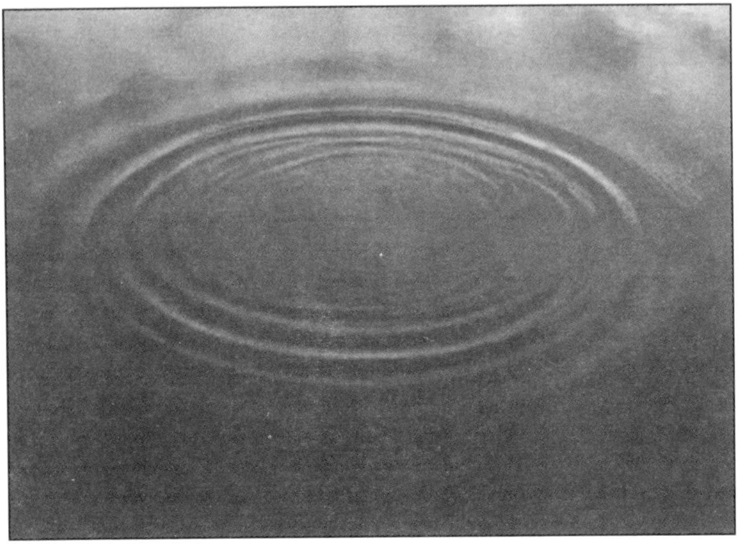

把两块大小相同的鹅卵石从同一个高度,在同一个时间扔进池塘,以协调它们波纹的相互作用,每个鹅卵石引起的波纹都会互相交会。波纹重叠之处,相互作用的波的联合力量被加倍,这种现象被称为"相长干涉",或者"谐波共振"。当两块鹅卵石的坠落不协调,它们的能量波便不同步。当一个波上升时,另一个波下降。在会合处,这些不同步的能量波互相抵消。波纹互相干扰时,能量没有翻倍,相反,水面很平静……没有能量波了。这种抵消能量波的现象被称为"相消干涉"。

能量波的性能对生物医学很重要,因为振动频率能改变一个原子的化学和物理属性,也能改变物理信号,如组织胺和雌激素。原子处于恒速运动中,这种运动可通过其振动来测量。因

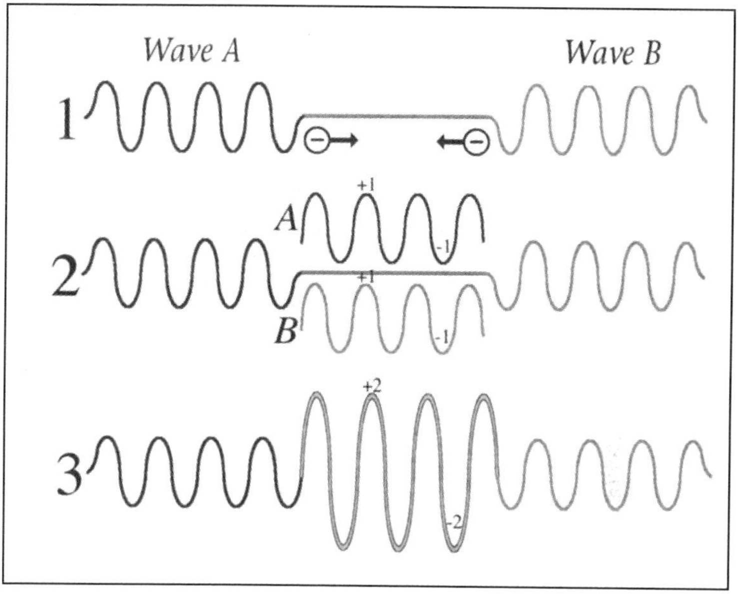

相长干涉。在1的上方，两个波纹穿过水面朝对方移动。如图所示，A波和B波都携带它们的同相波朝对方移动，这种情况下，两个波都带有它们的负振幅。它们的循环模式是对齐的。在两个波纹相遇的界面，波合并了。为说明合并的结果，在图2中，一个波画到了另一个波上方。A振幅为+1的地方，B的振幅也是+1；把两者相加，该处的复合波的合成振幅是+2。同样，A振幅为-1的地方，B的振幅也是-1；相加之后，总的振幅是-2。图3绘出了合成后振幅更高的复合波。

此，原子会引起波形，这种波形类似于我们讨论过的由扔进池塘的鹅卵石发出的展开的波纹。每个原子都是独一无二的，因为，伴随其自旋速率，其负电荷和正电荷分布会引发一种特定的振动或频率模式。

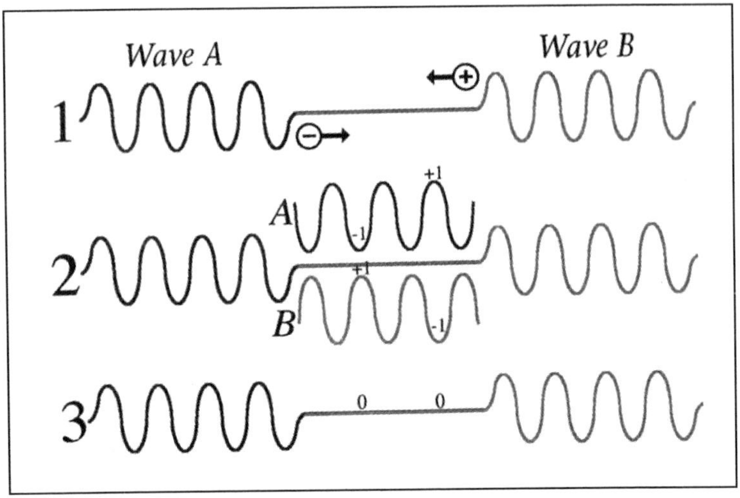

相消干涉。在图1中，来自第一个鹅卵石的波纹标记为A波，从左至右移动。从右至左移动的B波代表紧随第一个石头之后扔入的第二块石头引起的波纹。两个石头不是同时击中水面的，因此，在两个波合并的界面，它们不会对齐，而是会“异相”。在图中，波A带有负振幅，波B带有正振幅。如图2，当它们合并时，每个波都是对方的镜像，一个波的高振福(+1)和另一个波的低振幅(-1)对齐了，反之亦然。如图3所示，两个波的幅值互相抵消，因此复合波的振幅是0，即，根本没有波——它是平的！

科学家们发明了一种方法，利用原子的能量波，使原子在其轨道上死亡。他们首先识别了一个特定的原子的频率，然后调节一种激光，使它具有同样的频率。虽然原子和光电频率放射同样的波形，激光的波还是被设计为与原子的波不同步。当光波与原子波互相作用，结果便是相消干涉。相消干涉取消了原子的振动，原子停止了自旋。

如果你想提高而非阻止原子，你可以去找能引起谐波共振的振动。那种振动可以来自于电磁源或声源。例如,当一个像埃拉·菲茨杰拉德[1]那样技巧高超的歌手保持一个与水晶杯原子谐波共振的音符时,水晶杯的原子会吸收她的声波。通过相长干涉的机制,相加的共鸣音的能量使水晶杯原子振动得更快。最后,原子吸收了如此多的能量,振动得如此之快,以至于原子能从使它们结合在一起的键上脱离出来。实际上,到那一步时,杯子便爆炸了。

医生利用相长干涉机制来治疗肾结石,这是量子物理学定律作为治疗工具在现代医学中利用的一个罕见例子。肾结石是一种结晶,其原子以特定频率振动。医生非侵入性地把谐波频率聚焦在肾结石上,当聚集的能量波与肾结石中的原子互相作用,便得到相长干涉。像上面说的水晶杯原子的例子一样,肾结石的原子振动得如此之快,导致结石爆炸、溶解了。残留的小碎片随后可以轻松地从系统中通过,患者无须经受未爆炸的大结石带来的剧痛。

物理学科学暗示,被声波用于毁灭水晶杯或肾结石的同一种谐波共振机制,能使类似的能量谐波影响我们体内化学物的功能。但是,生物学家仍然没有用追求新药物的热情来利用这些机制。这很不幸,因为并没有足够的科学证据怀疑我们不能以治疗者的身份定制波形,就像我们现在用药物来调控化学结构的方式一样。

在医药史上有一段时间,电疗法被广泛应用。十九世纪末,

---

① 埃拉·菲茨杰拉德(Ella Fitzgerald,1918—1996),美国女歌手,有着天生优美的嗓音和宽广的音域,被称为“爵士女王”。

电池和其他产生电磁场的仪器被开发,有人仓促建造了假设能治病的机器。公众找出了这种名为“无线电感应”的新发明医术的执业者。传言称这些仪器非常有效。实际上,它们红透半边天,杂志上到处是大吹特吹的广告,内容无非是“做一个无线电感应治疗师!只要九块九毛九美元——包括用法说明!”之类。到1894年,超过一万个美国医师,还有数目不明的自学成才的家庭消费者,都在经常使用电疗法。

1895年,D·D·帕尔默创建了手疗法这门科学。帕尔默认识到,通过神经系统的能量流对于健康至关重要。他专注于脊柱机制。脊柱是一种导管,脊神经通过它为身体提供信息。他开发了通过调节脊柱张力和压力来评估和调整信息流的技巧。

医学行业感受到了帕尔默的手疗师、顺势疗法治疗师、无线电感应治疗师和其他无药物从业者带来的威胁,因为他们都抢走了许多生意。1910年,卡内基基金会发表了《弗莱克斯纳报告》,号召所有的医疗实践都应以科学证据为基础。因为物理学家尚未发现量子宇宙,科学界尚无法理解能量医学。在美国医学会的诋毁之下,手疗法和其他能量基础的医疗模式陷入恶名。无线电感应治疗师则完全消失了。

在过去的四十年中,手疗法在治疗技艺上取得了巨大改进。1990年,在一场对抗医疗垄断的旷日持久的官司中,手疗师获胜,美国医学会因试图摧毁该行业的非法意图而被判定有罪。从那时起,手疗法的影响范围慢慢扩大——甚至被一些医院接纳了。电疗法的过去难辨好坏,但神经学家正在振动能量疗法领域内开展激动人心的新研究。

大脑早就被认定为一个放电器官,这便是为何电休克疗法历史上就被用来治疗抑郁症。《科学》上最近一篇文章标榜了经颅磁刺激(TMS)的有益效果,TMS 以磁场来刺激大脑。TMS 是在 19 世纪曾遭传统医学唾弃的同一种无线电感应治疗技术的升级版本。新研究提出,TMS 可成为强有力的治疗工具;若利用得当,它可减轻抑郁,改变认知。

很清楚,在这个前途光明而有待研究的领域内,我们需要跨学科研究,一种包含了量子物理学、电子工程学、化学以及生物学的研究。那种跨学科研究会格外受欢迎,因为它很可能会生发副作用比药物少得多的疗法。但是,研究仅会证实科学家和非科学家们已经“知道”的东西,而不会实现他们知道的东西:所有的生物体,包括人类,都是通过评估能量力场来与环境交流,读取环境。人类太依赖说出的和写下的语言,因此我们遗忘了我们的能量感应交流系统。和任何生物功能一样,缺乏使用会导致衰退。有趣的是,土著居民仍然在日常生活中使用这种超感觉能力。对他们而言,从没有什么“感觉萎缩”。例如,澳大利亚的土著居民能感知深埋在沙子下的水,亚马逊的萨满人能和他们的药用植物的能量进行交流。

毫无疑问,你偶尔也会窥探到古老的感应机制。你是否曾经晚上走在漆黑的街道上,瞬间感到精疲力竭?你那时在经受什么?是相消干涉,正如扔到池塘里的不同步的鹅卵石,或者,用流行术语来说,是不好的气氛!是否记得意外地遇到你生命中那个特别的人,变得充满能量,感到很“高亢”?你经历的是相长干涉,或者说,好的气氛。

当我放弃了“我们都是惰性物体”的观点,我认识到,不但我选择为职业的科学是过时的,而且我需要在自己的生活中促成更多的相长干涉。我需要一种被量子物理学激发的个人调整！我不是集中精力创造生活中的谐波能量，而是在随波逐流、漫无目的地耗费能量。这就相当于在严寒的隆冬加热一个房间，同时把房门和窗户打开。通过仔细检查我在哪儿浪费能量，我开始关上门窗。关上其中的一些门窗是容易的。例如，很轻易就可以摆脱使人精疲力竭的活动，如那些要命的教职员工聚会。但是，要摆脱我习惯使用的耗费能量的失败主义思想方法，就难多了。思想就像马拉松长跑一样消耗能量，这一点我们将在下章中读到。

我需要一个量子调整。而且，我已经说得很清楚，生物医学也需要。但我更早前说过，许多消费者正在转向数量仍有限的补充医疗执业者。在这些消费者的推动下，我们已经处在医疗业十分缓慢的转变的途中。量子生物革命尚有待时日，但势在必行。医疗机构纵然全力挣扎、哭闹踢腾，最终仍将会被拖进量子革命。

第五章

生命的秘密——信念

1952 年,一个年轻的医师犯了一个错误。这个错误将要为阿尔伯特·梅森医生带来昙花一现的科学荣耀。梅森医生试图用催眠术来治疗一个十五岁男孩的疣。梅森和其他医生之前曾成功地利用催眠术去除过疣,但这个病例特别棘手。除了胸口有正常皮肤之外,男孩身上的鳞皮看起来更像大象的皮,而不是人的皮肤。

梅森的第一期催眠集中于胳膊。当男孩处于催眠状态,梅森告诉他,那胳膊上的皮肤将会治愈,会变成健康的粉红色皮肤。一个星期后,男孩回来了,梅森高兴地看到,他的那条胳膊显得很健康。梅森把男孩带到转诊的外科医生那儿,后者曾试图以植皮来治疗男孩,但失败了。此时,梅森才得知,他犯了一个医疗错误。当外科医生看到男孩的胳膊时,震惊得瞪大了眼。他告诉梅森,男孩患的不是疣,而是一种致命的遗传病,称为先天性鱼鳞病。仅仅依靠心灵的力量就消除了症状,梅森和男孩成功地做到了在那之前被认为不可能的事情。梅森继续进行催眠疗程,结果令人难以置信:男孩的大部分皮肤变得看起来像第一个疗程之后那健康的粉红的胳膊。曾因奇丑皮肤在学校受到无情嘲弄的男孩,后来过上了正常的生活。

1952 年,梅森在《英国医学杂志》上发表了他对鱼鳞病的治疗始末。仿佛石破天惊,他的文章引起了轰动。梅森被媒体极力吹捧,变成了一块磁石,吸引着那种鲜见的致命疾病的病患者。在此之前,还没有人治愈过这种病。但是,催眠术终归不能包治百病。梅森在许多其他鱼鳞病病人身上使用了催眠术,但从未能再造他在年轻男孩身上取得的奇迹。梅森把他的失败归结于他自己对这种疗法的信念。当梅森治疗新病人时,他无法复制他身为年轻医生时自以为是的态度,只想着自己是在治疗一个糟糕的疣病例。在第一个病人之后,梅森就清醒地知道,他是在治疗医学机构中人人皆知为先天性的、"无可救药"的病。梅森努力佯装对病情的预断很乐观,但是他告诉《探索健康》频道:"我是在演戏。"

心灵能推翻遗传编程,正如在上面事例中发生的一样,这怎么可能呢?梅森对于那种治疗的信念怎么能影响治疗的结果呢?新生物学为这些问题提供了一些答案。在上章中我们已知道,物质和能量密不可分。合乎逻辑的推论是,心灵(能量)和肉体(物质)也被同样地结合,虽然西方医学千百年来都在勇猛地企图把它们分开。

在十七世纪,勒奈·笛卡尔①摒弃了心灵能影响肉体物理性能的观点。他的看法是,肉体是由物质组成的,而心灵则由不可

---

① 勒奈·笛卡尔(René Descartes,1596—1650),法国哲学家、物理学家和数学家。被称为近代西方哲学之父。

明辨但很显然为非物质的实体组成。因为笛卡尔不能识别心灵的性质,他留下了一个无法解决的哲学难题:既然只有物质能影响物质,一个非物质的心灵怎么能与一个物质性的肉体“相联”?笛卡尔想到的心灵通常定义为“机器中的幽灵”。这一定义出自于吉尔伯特·赖尔六十年前的著述《心的概念》。传统生物医学的科学性以牛顿的唯物质论宇宙为基础,因此热烈赞同笛卡尔对心灵和肉体的区分。从医学角度看,修理一个机械性身体而不必与其爱管闲事的“幽灵”打交道,当然会容易得多。

量子宇宙的现实把笛卡尔分开的心灵和肉体又重新结合起来了。是的,心灵(能量)是从肉体中来的,正如笛卡尔所想。然而,我们对于宇宙机制的新理解向我们展示了肉体如何被非物质的心灵影响。思想,心灵的能量,直接影响物质大脑对身体的生理机能的控制。通过上章中描述的相长干涉和相消干涉机制,思想的“能量”可激活或抑制细胞内产生功能的蛋白质。这便是为何我迈出改变生活的第一步时,就积极地监控大脑能量的使用之处。我不得不审查我在思想内投入的能量的产出,就像我检查消耗在控制肉体上的能量一样仔细。

虽然量子物理学的发现已经问世,但心灵—肉体的分裂仍在西方医学界大行其道。科学家们所受的训练是,把上面所说的那个用心灵力量治愈基因“授权”疾病的男孩视作“异常”病案而遗弃。我相信,恰恰相反,科学家应该接受对这些异常现象的研究。深藏在特殊情况之下的,是对生命本质更有力理解的根源——“更有力”,因为这些特例背后的定律打败了已确立的“真理”。事实是,利用心灵力量可以比那些药物更有效,而你却被编译为相信你需要那些药物。上章中我讨论的研究发现,在影响物质时,能量是比化学物更有效的方式。

不幸的是,科学家更常否认而非接受特例。关于科学界对心灵—肉体互相作用事实的否认,我喜欢举的例子与《科学》上发表的一篇文章有关。该文写的是和巴斯德[①]一起创建了微生物理论的十九世纪德国医生罗伯特·科赫[②]。微生物理论认为,细菌和病毒是疾病的根源。那种理论现在已被广泛接受,但是在科赫的时代,则有更大的争议性。科赫的一个批评者完全确信微生物理论是错误的,所以他毫无惧色地饮下一杯掺有霍乱弧菌的水,因为科赫相信霍乱弧菌会引起霍乱。令所有人震惊的是,那人完全未受致命病原体的影响。2000 年发表在《科学》上描述这一事件的文章称:"由于尚未解释的原因,他没有表现出病症。尽管如此,他还是错误的。"

那个人活下来了,而《科学》在认真思考了对微生物理论的一致反对意见后,以大无畏的勇气说,他的批评是错误的。如果这种细菌被认定是霍乱的病原,而这个人又证实了他没有被这种微生物感染……他怎么会是"错误的"呢?科学家没有试图去弄清这个人为何躲开了致命的疾病,而是漫不经心地摒弃了这一特例,就像摒弃其他破坏他们理论的令人尴尬的"烫山芋"一样。还记得基因控制生物的"教条"吗?这便是又一个例子,科学家在其中致力于证实他们真理的正确性,而无视那些讨厌

---

① 巴斯德(Louis Pasteur,1821—1895),法国微生物学家和化学家,近代微生物学的奠基人。

② 罗伯特·科赫(Robert Koch,1843—1910)微生物学的奠基人之一,主要研究细菌,对病原微生物学的发展作出了巨大贡献。

的例外。问题是,一个理论不会有例外;例外情况仅仅说明,这个理论还不是完全正确。

有一个流行的事例,向已确立的科学信念提出挑战。该事例与赤脚踏火这种古老的宗教活动有关。赤脚踏火的练习者每天聚在一起,通过在滚烫的煤层上行走,延伸传统意识的领域。石块的温度和接触石块的时间都足够引起医学相关的脚烧伤,然而,成千上万的参与者从这个过程中挺过来,安然无恙。在你匆忙得出结论说煤层并非真的那么烫之前,请想想另外一些参与者:他们在同一个煤层上行走,却因信念动摇而被烫伤;这些人的数量颇为可观。

同样,科学界对于 HIV 病毒引起艾滋病的断言也是含糊其辞。但是,有数量巨大的人被艾滋病毒感染数十年之久而并未表现出该病症状。说到这一点,是没有特例的。更令人困惑的是,晚期癌症病人因自行缓解而捡回一条命的事实。因为那种缓解在传统理论的框架之外,所以科学家就完全无视它们曾经发生这一事实。自行缓解被作为对当前的真理——或者直接点说,是错误诊断无法解释的例外而被摒弃。

当积极思维变坏

在继续讨论我们心灵的不可思议的力量、讨论我的细胞研究如何帮助我深入认识身体的心灵—肉体通路工作原理之前,我需要十分清楚地说明,我不相信仅仅依靠积极思维就能导致物理治愈。为了对身体和生活进行掌控,你所需要的比“积极思维”更多。把我们心灵的能量转向积极的、创造生活的思维,消除无时不在、耗费能量、使人倦怠的消极思想，这一点对我们的健康安适真的很重要。但是，从最大意义上说，仅有积极的思想和思维方式并不一定会对我们的生活有任何影响！事实上，有时候，那些积极思维“不及格”的人变得更虚弱不堪，因为现在他们觉得自己山穷水尽；他们相信，他们已经用尽了所有的心灵和身体改进措施。

这些积极思维的放弃者所没有理解的是，看似“孤立”的各部分，心灵、意识、潜意识，是互相依存的。意识心灵是创造性的，能够呈现“积极思维”。与之对比，潜意识心灵是刺激—反应磁带的储藏室，源于直觉和已知的经验。潜意识心灵有严格的习惯，令我们万分苦恼的是，它会对生命信号一次又一次地播放同样的行为反应。有多少次，你发现自己因牙膏未盖盖子这类琐事而大发雷霆？从小你就被训练要仔细地盖上牙膏盖子。当你发现牙膏的盖子没盖上，你的潜意识磁带“按钮被按下”，不自觉地勃然大怒。实际上，你只是体验了简单的刺激—反应这贮存在潜意识心灵中的一个行为程序。

当说到纯粹的神经系统处理能力时，潜意识心灵比意识心灵要强大百万倍。如果意识心灵的欲望与潜意识心灵中的程序互相冲突，你觉得哪个“心灵”会赢？你可以把“我很可爱”、“我的癌肿会缩小”这类肯定的断言不断重复，但是，如果在孩童时代你就不停地听到你是“没用的”、“多病的”，那么，那些编译在你潜意识心灵中的信息会破坏你改变生活的最好的、有意识的努力。是否记得，烤火鸡的香气消解了你的决心，因此你去年作出的“要少吃”的新年愿望半途而废？在第七章“父母千万别闲着”中，我们将更多地认识自我破坏性的潜意识程序的起源，以及如何飞快地改写这些程序。但是眼下，请注意，甚至对于曾使用积极思维却惨败的人来说，希望仍然是有的。

心灵支配肉体

让我们来回顾对细胞的认识。在之前的章节中我们了解到，细胞的功能直接生发于细胞蛋白“齿轮”的活动。蛋白装配引发的活动，为那些使生命成为可能的生理功能做好了准备。蛋白质是物理性结构单元，但也需要辅助性的环境信号来激活蛋白质活动。环境信号和产生行为的胞浆蛋白的接口便是细胞膜。细胞膜接受刺激，然后开始适当的、维持生命的细胞反应。细胞膜作为细胞的“大脑”来运作。细胞膜受体—效应蛋白整体（内在膜蛋白）是细胞大脑“智能”机制的基本物理亚基。根据功能定义，这些蛋白复合体是“知觉开关”，把对环境刺激的接收连接到引发反应的蛋白通路上。

对在细胞世界中动向的各种很基本的“知觉”，细胞通常有反应。那种知觉包括以下事物是否存在于它们的直接相关环境中：钾、钙、氧气、葡萄糖、组胺、雌激素、毒素、光，及其他刺激因素。细胞膜内有数以万计的反射知觉开关，每一个都直接读取一个单独的环境信号，它们的同时互动共同创造了一个活体细胞的复杂行为。

在地球上有生命以来的前三十亿年中，生物圈由独立生存的单细胞组成，例如细菌、藻类和原生动物。我们曾传统地把那种生物看成孤立的个体，但现在我们已经认识到，当单细胞用于调控其自身生理功能的信号分子被释放到环境中时，同样会影响其他生物体的行为。释放到环境中的信号使大量分散的单细胞生物能够实现行为协调。把信号分子分泌到环境中去,这一方法为单细胞提供了作为一个原始“群落”生存的机会,从而提高了单细胞的存活能力。

关于发射信号的分子如何导致群落形成,单细胞黏菌阿米巴虫提供了一个例子。这些阿米巴虫在土壤中孤立地生活,觅食。当环境中的可用食物耗光后,细胞会合成过量的称为“环单磷酸腺苷(cAMP)”的代谢副产物,大部分这种副产物都释放到环境中。当其他阿米巴虫面临饥饿时,被释放的环单磷酸腺苷(cAMP)集合体内置在环境中。当一个阿米巴虫分泌的环单磷酸腺苷(cAMP)信号分子在其他黏菌阿米巴虫的细胞膜上与环单磷酸腺苷(cAMP)受体结合,这个阿米巴虫便向其他阿米巴虫发出信号,激活群体行为,在行为中阿米巴虫聚合起来形成一个大的多细胞“鼻涕虫”。鼻涕虫群落是黏菌的生殖生长期。在“饥荒”时期,老化细胞的群落共享 DNA,创造下一代。新的阿米巴虫像不活跃的孢子一样冬眠。当可获得更多食物时,食物分子充当信号,打破冬眠,解救新的单细胞,开始下一轮循环。

这里的重点是,当单细胞生物体通过释放“信号”分子到环境中来共享“认知”、协调行为时,它们实际上是生活在一个群落中。环单磷酸腺苷(cAMP)是进化过程中为控制细胞行为而分泌的调控信号的一种最早形式。调控我们自身细胞群落的人类基础信号分子(例如激素、神经肽、细胞因子、生长因子)曾被认为是随着复杂的多细胞生物的出现而产生的。然而,最近的研究发现,原始的单细胞生物在进化的最初期就已经在使用这些“人类”信号分子了。

在进化过程中，细胞努力使其细胞膜可容纳的内在膜蛋白“认知”蛋白的数量最大化。为了获得更多认知，从而提高存活的可能性，细胞开始装配。最初是成为简单细胞集落，后来成为高度组织化的细胞群落。如之前所述，多细胞生物的生理功能被分配给组成身体组织和器官的特化细胞群落。在细胞的公共组织中，细胞膜的智能处理由生物体神经系统和免疫系统中的特化细胞来执行。

在七十亿年前，单细胞发现，联合起来形成紧密团结的多细胞群落，即我们认作动物和植物的组织，更为有利。这个时间对于地球的有生命时间范围而言是近期。非共生单细胞生物利用的协调信号分子，同样被这些新近演化发展起来的群落所用。通过严格调控这些功能控制信号分子的释放和分布，细胞群落可以协调群落中细胞的功能和行为，使群落像一个单独的生物体一样行动。在那些更原始的、没有专门神经系统的多细胞生物中，群落中的信号分子流提供了一个初级的“心灵”，以每个细胞共享的协调信息为代表。在那种生物体中，每个细胞都直接读取环境线索，自行调整各自的行为。

然而，当细胞聚合到群落中，新的政策就必须建立。在群落中，个体的细胞不能作为独立代理人来行动，不能为所欲为。“群落”这个术语暗示着每个群落成员都投入到一个共同的计划和行动。在多细胞动物中，个体的细胞也许能“看到”自己“皮肤”之外的环境；但是对于在更远环境中发生的事情，它们可能没有知觉，尤其是整个生物体自身以外的事情。一个深藏在你内脏中的肝细胞会对它的当地环境信号有反应，但假如一个强盗跳入你自身的环境中，这个肝细胞能就事件的结果作出知情反应吗？为保证一个多细胞生物体的存活所需的复杂行为控制，包含在其信息集中处理系统中。

当更复杂的动物进化形成后，特化细胞接管了控制、组织用以调控信号分子的行为流量的工作。这些细胞形成了一个分布式神经网络和中心信息处理器：大脑。大脑的功能是在群落内协调信号分子的对话。结果是，在一个细胞群落中，每个细胞都必须将大脑视为认知权威，默许大脑的知情决定。大脑控制身体细胞的行为。当我们为生活中经历的健康问题而责怪器官和组织的细胞时，考虑到这一点非常重要。

情绪：感觉细胞的语言

在更高级、更有知觉的生物体中，大脑发展出一种特化作用，使整个群落都能调整到群落调控性信号的状态。边缘系统的进化形成提供了一个独特机制，把化学通信信号转化为可被群落中所有细胞感受到的知觉。我们的意识心灵把这些信号作为情绪来体验。意识心灵不仅“读取”组成身体之“心灵”的细胞协调信号流，它也能引发情绪，后一点在由神经系统控制的调控信号的释放中显示出来。

在我研究细胞大脑机制、获得对人类大脑运作原理深入认识的同时，康黛丝·柏特[①]正在研究人的大脑，并从中觉察到细胞大脑的机制。在她的著作《情绪分子》中，柏特描述道，她对神经细胞细胞膜上信息处理受体的研究引导她发现：同样的“神

① 康黛丝·柏特（Candace Pert，1946—），美国著名神经科学家。

经”受体也存在于大部分身体细胞中，假如不是全部的话。她以简洁的实验确证：“心灵”并非集中存在于头部，而是通过信号分子分布在全身各处。同样重要的是，她的著作强调：情绪不仅仅从对身体的环境信息的反馈中来。通过自觉意识，心灵可以利用大脑来引发“情绪分子”，改写系统。意识的恰当运用能为病痛躯体带来健康，而对情绪不适当的、无意识的控制会很容易使健康的躯体生病。这个话题我将在第六章、第七章中深入讨论。《情绪分子》一书见解深刻，描述了作者的科学探索过程。对于在试图将新“想法”引入科学的“老同学俱乐部”时遇到的难事（这个话题我实在是太熟悉了），该书同样提出了一些发人深省的见解。

通过感知和协调细胞群落中行为调控信号流的能力，边缘系统为一个主要的进化进展做好了准备。当内部信号系统进化，它的更高效率使大脑尺寸增加。多细胞生物获得了越来越多的、致力于对种类不断扩大的外部环境信号做出反应的细胞。个体细胞可以对简单的感官知觉有反应，如红色、圆、香、甜，但多细胞动物有额外智力可用，使它们能把那些简单的感知结合成一个更高层次的复合体，感知到“苹果”。

在进化过程中获得的基本反射行为，被以基于基因的本能的形式遗传给下一代。更大的大脑的进化形成，与它们数量剧增的神经细胞一起，为生物体提供了机会，使它们不但可以依靠本能行为，而且可以从生活经验中学习。对新反射行为的学习实质上是条件作用的产物。例如，想想那个经典的例子：巴甫洛夫训练他的狗，使狗一听到铃声就分泌唾液。他首先这样训练它们：摇铃；伴随铃声，给予食物作为奖励。过了一会儿，他又摇铃,但是不给食物。到那时为止,狗已经被训练得一听到铃声便期望食物,因此,当铃响时,虽然没有食物出现,它们仍然反射性地开始分泌唾液。这很清楚是一种“无意识”的、通过训练学到的反射行为。

反射行为可以很简单,如木槌轻敲时便不自觉地踢腿;也可以很复杂,如以六十五英里的时速在拥塞的洲际公路上开车,同时投入地、意识清醒地与乘客交谈。虽然条件行为反应可能超常复杂,但它们是“无需用脑的事”。通过有条件的学习过程,诱发刺激和行为反应之间的神经通路变为硬性绑定,确保了重复模式。被绑定的通路便是“习惯”。在低级生物中,整个大脑都被设计来从事对刺激物进行纯习惯性的反应。巴甫洛夫的狗因反射作用而分泌唾液……而不是故意地。潜意识心灵的行动本质上是反射性的,不由理性或者思想控制。依据自然规律,这个心灵和存在与尚未进化形成自觉意识的动物的所有大脑结构的活动相关。

人类和一些其他更高级哺乳动物进化形成了一个脑部特化区域,该区域名为前额皮质,与思考、计划和做决定相连。前脑的这个部分明显是“自觉意识”心灵处理的所在地。自觉意识的心灵是自我反省的;它是一个新进化形成的“感觉器官”,省察我们自己的行为和情绪。自觉意识的心灵也可进入大部分储存在我们长期记忆库中的数据。这是个极其重要的功能,允许我们在有意识地计划未来时能审视生命的历史。

由于被赋予了自我反省的能力,自觉意识心灵极端强大。它能观察到我们从事的任何程序化的行为,评估该行为,然后有意识地决定去改变程序。我们可以主动地选择如何对大多数的环境信号作出反应,甚至选择是否想作出反应。意识心灵这种改写潜意识心灵预置行为的能力,便是自由意志的基础。

然而,我们的特别天赋与一个特别的隐患相伴而来。几乎所有生物都必须真实地直接体验生命的刺激物;但是,人类大脑"学习"知觉的能力如此高级,以至于我们实际上可以间接地通过他人而获得知觉。一旦我们把他人的感知接受为"真相",他们的知觉在便我们头脑中扎根,变成我们的"真相"。这儿问题就出来了:如果他人的知觉是不正确的,会怎么样?在那种情况下,我们的大脑就被下载了错误感知。潜意识心灵是一个严格的刺激—反应回放设备;在"机器"的那个部分中,没有"幽灵"来琢磨考虑我们所运用的程序的长期后果。潜意识仅仅在"当下"工作。作为结果,编译到我们潜意识心灵中的错误感知不受"监控",而是会习惯性地使我们从事不适当的和限制性的行为。

假如我为了给读者意外惊喜,在本章中夹带了一条滑行的蛇,从页面上突然跳出来,大部分读者都会从房间跑出去,或者把书扔到屋外。第一次把蛇"介绍"给你的人可能曾经以这种受惊的方式行动,因此,你易受影响的心灵得到了一个显然很重要的生活教训:看到蛇……蛇是坏蛋!快速下载、强调关于环境中威胁生命和肢体的事物的感知,这两者是潜意识记忆系统非常偏爱的。如果你被教导蛇是危险的,那么,无论何时一条蛇进入你的附近,你反射性地(潜意识地)开始保护反应。

但是,如果一个爬虫学家在读这本书时,一条蛇突然从书中跳出来,情况会是怎样?毫无疑问,爬虫学家不但会被蛇迷住,而且会对书中夹带的这份小礼物乐不可支。或者,至少,当他们弄清楚书中的蛇无害时,会欣喜若狂。然后他们会把蛇拿起来,欣然观察它的行为。他们会想,你们的程序化反应是不理性的,因为并非所有的蛇都有危险。他们进而会为一个事实感到难过:那么多人都被剥夺了研究如此有意思的动物的乐趣。同样的蛇,同样的刺激物,但得到的反应有天渊之别。

我们对环境刺激的反应确实由感知支配,但,不是所有已学到的感知都是正确的。并不是所有的蛇都是危险的!是的,感知“控制”生物学,但是,如我们所见,这些感知可能是真的,也可能是假的。因此,把这些控制性的感知称为“信念”将会更准确。

信念控制生物学!

请思考这个信息的意义。我们有能力,能有意识地评估我们对环境刺激的反应,能在任何愿意的时候改变旧有反应……只要我们打败强大的潜意识心灵。对此,我将在第七章中有更深入的讨论。我们并非无法摆脱我们的基因或者自暴自弃的行为!

心灵如何控制肉体

我对于信念如何控制生物学的见解,根基于我对内皮细胞——在血管中形成内膜的细胞——集落的研究。我培植在培养物中的内皮细胞,严密监测它们的世界,根据从环境中获得的信息改变它们的行为。当我提供营养素,细胞会受吸引,用等同于张开的手臂的细胞部分转向营养素。当我建立一个有毒环境,培植的细胞会逃离刺激物,努力把自己和毒剂隔离开来。我的研究聚焦于控制从一个行为到另一个行为的转换的细胞膜知觉开关。

我所研究的主要的开关有一个对组织胺有反应的蛋白受体。组织胺是一种身体所用的相当于当地紧急警报的分子。我发现,有两种开关,H1 和 H2,都对同一个组胺信号有反应。当被激活时,含有 H1 组胺受体的开关对组织胺发起一种保护反应,这种行为类型由含有毒质的培养皿中的细胞显示。包含 H2 组胺受体的开关对组织胺发起一种生长反应,类似于培养在营养素中的细胞的行为。

我后来认识到,身体的全系统紧急响应信号,肾上腺素,同样有两种开关,分别称为 α 和 β,有目的地显示两种不同的肾上腺素传感受体。肾上腺素受体诱发的行为与那些由组织胺诱发的行为完全相同。当肾上腺的 α 受体是内在膜蛋白开关的一部分时,如果肾上腺素被察觉到,α 受体便诱发保护反应。当 β 受体是开关的一部分时,同一个肾上腺素信号激活一种成长反应。

这些都非常有意思。但是最有意思的是,当我把组织胺和肾上腺素同时引进我的组织培养中时,我发现,由中枢神经系统释放的肾上腺素信号,胜过了本地产生的组织胺信号的影响。这就是早前说过的群落政治的实地上演。假设你在银行工作,分行经理下达了一个命令。这时,银行的 CEO 走进来,向你下达了一个相反的命令。你会服从哪个命令？如果想保住工作,你会赶紧执行 CEO 的命令。我们生理系统中有一个类似的优先权,要求细胞遵从从头部“老板”神经系统发出的指示,即使这些信号和本地刺激信号有冲突。

我为我的实验而激动,因为我相信,在单细胞层面上,它们揭示了一个多细胞生物体的真相——心灵(通过中枢神经系统的肾上腺素来行动)胜过肉体(通过本地组织胺信号来行动)。我本想把实验的意义在研究论文中写出来,但是,把身体—心灵联系注入到一篇关于细胞生理的论文中去,这样可以吗?我的同事几乎因这个想法中风而死。因此,我只写了一个关于理解实验意义的隐晦评论,但不能写出到底有什么意义。我的同事不想我在论文中加入实验的含义,因为心灵不是一个可接受的生物学概念。生物科学家们是墨守成规的牛顿主义者——如果不是物质,就无足轻重。这"心灵"是一个非物质的能量,因此,和物质主义的生物学无关。不幸的是,那种看法是一种已被证实为在量子力学宇宙中铁定错误的"信念"!

安慰剂:信念效应

每个医学生都学过,至少也是顺便学过:心灵能影响肉体。他们学习到,有些人因为(错误地)相信自己在用药而病情有所好转。病人通过服用糖丸而病情好转,医学上把这种情况定义为"安慰剂效应"。我的朋友,以能量为基础的心理治疗系统的心理运动学(PSYCH - K)的奠基者罗布·威廉姆斯则认为,如果称之为"知觉效应"会更合适。而我称之为"信念效应",以强调我们的知觉无论正确与否,都同样影响我们的行为和身体。

我赞美信念效应,它是身体/心灵治愈能力的一个令人惊叹的证据。然而,传统医学一直把"全在他们心中"的安慰剂效应弃若敝屣,把它看作江湖骗术;最客气的说法,也将它与意志薄弱耳根软的病人相联系。在医学院,安慰剂效应的话题被飞快地搪塞过去,好使学生们能回归到现代医学真正的工具,如药物和手术。

这是个天大的错误。安慰剂效应应该成为医学院学习的一个重要课题。我相信,医学教育应该训练医生认同我们内在资源的威力。医生不应觉得心灵力量比化学物和解剖刀的力量更低级,不应遗弃心灵力量。他们应当放弃现有的想法,即,肉体与其各部分本质上是愚蠢的,我们需要借助于外部干涉来维持健康。

安慰剂效应也应该成为大型基金研究工作的课题。假如医学研究者能够弄清楚如何巧妙利用安慰剂效应,他们将把一种有效的、以能量为基础的、无副作用的工具交付给医生去治病。能量治疗者说他们已经拥有那种工具,但我是一个科学家,我相信,我们对安慰剂的科学性了解得越多,就越能更好地在临床上使用安慰剂。

我相信,心灵的力量被医学干脆地摒弃,这不仅是教条主义思维的结果,也是出于资金考虑。如果心灵的力量可以治愈肉体的病痛,那为什么要去看医生?更重要的是,为什么要去买药?事实上,我最近气愤地得知,药物公司正在研究对糖丸有反应的病人,目的在于从早期临床试验中便剔除安慰剂。在大多数的临床试验中,安慰剂,“假”药,被证明和他们研制出来的化学鸡尾酒一样有效,这不免使药物制造商大为不安。虽然药物公司坚称他们的意图并非想使无效药物的生产更易通过审批,但显而易见,安慰药丸的效果对制药工业是一个威胁。我认为,药物公司发出的信息再明显不过:如果不能通过公平竞争打败安慰药丸,那么,干脆消除竞争!

大部分医生没有被训练来考虑安慰剂的作用,这一事实具有讽刺意味。因为,一些历史学家以充足的理由提出,医史很大程度上是安慰剂的历史。在医史的大部分时间内,医生没有有效的方法对抗疾病。过去,主流医生曾开出更声名狼藉的治疗方法,包括放血疗法、用砷处理伤口,以及著名的包治百病的响尾蛇油。无疑,在特别易受安慰剂治愈能力影响的病人中,有三分之一的人经那些方法治疗后病情好转。这还是个保守估计。在今日世界,如果穿着白大褂的医生果断地提供一种治疗方法,病人可能会相信这种治疗方法是有用的——果然有用,不管这方法是真药或只是糖丸。

虽然安慰剂如何起作用的问题基本上被医学忽视,最近一些主流医学研究员开始关注这个问题。他们研究的结果表明,能产生安慰剂效应的不但有十九世纪的赤脚医生治疗方法,而且也有现代医学的尖端技术,包括最为"具体"的医疗工具——手术。

2002 年,《新英格兰医学杂志》发表了贝勒医学院的一项研究。该研究为患有使人虚弱的严重膝盖病痛的病人评估了外科手术。论文的第一作者布鲁斯·莫斯利博士"知道"膝盖手术能帮助他的病人:"所有好的外科医生都知道,在外科手术中没有所谓的安慰剂效应。"但莫斯利力图弄清究竟是手术的哪个部分在减轻病人的病痛。研究中的病人被分成三组,莫斯利切掉了第一组病人膝盖上的软骨。对第二组病人,他彻底清洗了膝关节,清除了被认定引起炎症的物质。这两项都是对膝关节炎的标准疗法。但第三组病人得到的是"冒牌"手术。病人服下镇静药后,莫斯利做了三个标准切口,然后像他在真正的手术中那样说话,行动——他甚至泼洒盐水,制造膝盖清洗步骤中的声音。四十分钟后,就像在真正手术中会做的一样,莫斯利缝合了切口。三组病人都开出了同样的术后护理药方,其中包括锻炼计划。

结果令人震惊。是的,不出所料,接受了手术的两组病人康复了。但是,没有动手术的那组病人,康复情况和其他两组一模一样!虽然每年都有大约六十五万例膝关节炎手术,每例手术花费五千美元,但结果对莫斯利来说很明白:“我作为外科医生而拥有的技术对病人毫无益处。骨关节炎手术的整个好处就是安慰剂效应。”电视新闻节目绘声绘色地描述了不可思议的结果。电视中的片段展示了安慰剂组成员的活动:行走,打篮球,总之是他们说“手术”前不能做的事。接受安慰剂手术的病人两年内都没有发现,他们做的其实是假手术。安慰剂组的一个成员,蒂姆·佩雷斯,手术前必须靠拐杖走路,现在能够和他的孙子打篮球。他告诉《探索健康》频道:“在这个世界上,只要你用心投入,一切皆有可能。我知道心灵能创造奇迹。”这正是对本书主题的概括。

研究已经显示,安慰剂效应在治疗其他病症时同样大显身手,包括哮喘和帕金森症。在抑郁症的治疗上,安慰剂更是大受欢迎。安慰剂令人瞩目,因此布朗大学医学院的瓦尔特·布朗提议,要将安慰药丸列为轻度或中度抑郁症病人的首要疗法。病人将会被告知他们是在服用无活性成分的药品,但那不会减轻药物的效果。研究指出,甚至当病人明知他们并不是在用药时,安慰药丸仍然见效。

安慰剂威力的一个标示来自美国健康与人类服务部的一份报告。报告发现,服用药物的严重抑郁病人中,有半数得以康复;与之相对,服用安慰剂的严重抑郁病人中,有三分之二康复。但,甚至是这样令人瞩目的数据,也可能低估了安慰剂效应的威力。因为,许多研究参与者都清楚他们是在服用真正的药物,因为他们体验了副作用;而那些服用安慰剂的人却没有副作用。一旦病人知道他们在服用真正的药,即一旦他们开始相信自己真正在用药,就会格外易受安慰剂的影响。

有了安慰剂的威力,难怪产值八十二亿美元的抗抑郁剂产业会遭受批评者的攻击。批评者指控说,药物企业在炒作他们药物的效果。美国心理学协会主办的《预防和治疗》杂志 2002 年发表了一篇文章《皇帝的新药》。康涅狄格大学的心理学教授欧文·科尔斯发现,从临床试验来判断,抗抑郁剂百分之八十的效果都可归功于安慰剂效应。科尔斯不得不在 2001 年诉诸信息自由法案,要求获得主要抗抑郁剂的临床试验信息,而美国食品与药物监督局不愿提供这些数据。数据显示,在六种主要抗抑郁药剂超过半数的临床试验中,这些药物的表现并未超过安慰剂——糖丸。科尔斯在接受《探索健康》频道采访时说:“在这个从五十点到六十点的临床量表上,药物反应和安慰剂反应的差别平均低于两点。这个差别非常小,在临床上毫无意义。”

关于抗抑郁药剂的效果,另一个有趣的事实是,它们在临床试验中的表现多年来越来越好。这表示,它们的安慰剂效应有一部分得力于精明的市场营销。媒体和广告对抗抑郁药剂的奇迹吹嘘得越神乎其神,它们就变得越有效。信念是可传染的!在我们所生活的文化中,人们相信抗抑郁药剂是有作用的。因此,它们就有了作用。

1997 年,加利福尼亚州的一个室内设计师詹尼斯·舍恩菲尔德参加了一个试验,测试文拉法辛①的效力。当她发现自己在

---

① 文拉法辛(Effexor),一种抗抑郁药。

服用安慰剂时,她就如同佩雷斯一样,大为“震惊”。药物不但减缓了折磨她三十年的抑郁症,而且,研究过程中她所接受的脑部扫描发现,她前额叶皮层的活动也大大增强了。她的进步并非“全在于其头中”。当心灵改变,它绝对会影响你的生理。舍恩菲尔德同样也曾恶心呕吐,这是文拉法辛的常见副作用。她是病人的典型:因安慰剂治疗而康复,然后又发现他们所用的不是真药——她确信医生在标签时弄错了,因为她“知道”她用的是真药。她坚持让研究员复核他们的记录,以便完全确定她并未真正用药。

负安慰剂:消极信念的力量

医学界的许多人都知道安慰剂效应,但很少有人考虑它对自我痊愈的含义。如果积极思维能够把你从抑郁症中拯救出来,能治愈受损的膝盖,那么,请想想消极思维对生活的作用。心灵通过积极的暗示增进健康,这被称为安慰剂效应。相反,当同一个心灵忙于消极的、损害健康的建议时,这种负面效应便被称为负安慰剂效用。

在医学上,负安慰剂效应可以与安慰剂效应一样强大。每次你走进医生办公室,都应该牢记这一点:医生能通过语言和举动,向病人传达令人灰心失望的信息。我相信,这些信息都是完全不合理的。例如,阿尔伯特·梅森认为,他在向病人表达乐观思想方面很无能,这妨碍了他对鱼鳞癣病人的治疗效果。另一个例子是断言的潜在力量:“你只能活六个月了。”如果你选择相信医生传达的信息,那么,你在这个世界上存活的日子不太可能比三个月更久。

我在这一章引用《探索健康》频道 2003 年的节目“安慰剂：心灵支配药物”，因为它是医药界一些最有趣的情况的很好的缩影。在节目中一个气氛较为凝重的片段内，有纳什维尔医生克利夫顿·米多尔的特写。米多尔医生已经因为负安慰剂的潜在力量而自我反思了整整三十年。1974 年，米多尔有一个病人山姆·隆德。山姆·隆德是一个退休的鞋子销售商，身患食道癌。食道癌在当时被认为是百分之百无法治好的。隆德接受对癌症的治疗，但是医疗团体中每个人都“知道”他的食道癌会复发。因此，当隆德在诊断的几星期后死亡时，没有人感到意外。

令人吃惊的事情发生在隆德死后，尸体解剖在体内只发现了非常少的癌细胞，肯定不足致死。在肝部有几个癌点，肺部有一个，但根本没发现食道癌的痕迹——之前每个人都认定，导致他死亡的是食道癌。米多尔告诉《探索健康》频道：“他死时患有癌症，但他不是死于癌症。”如果不是食道癌，那置他于死地的又是什么？他死了，是否因为他相信他会死？隆德死去三十年后，米多尔仍然对这个病案耿耿于怀：“我认为他有癌症。他自己认为他有癌症。他周围的每个人都认为他有癌症。我是否以某种方式破灭了他的希望？”令人痛心的负安慰剂病例暗示着：医师、家长和老师都能够通过使你相信自己无能而能消除你的希望。

我们的积极和消极信念不但对健康，而且对生活的其他各方面都有很大影响。亨利·福特正确把握了流水线的效率，他关于心灵力量的见解也是一语中的：“如果你相信你能，或者相信你不能……你都是对的。”请仔细想想那个大无畏地喝下医学上认定会引起霍乱的细菌的人，想想他的举动的含义。想想那些在燃烧的煤块上行走而不烧伤的人。如果他们的“我定能做到”的坚定信念有所动摇，那他们会以双脚烧焦而告终。你的信念像照相机过滤纸一样，改变你看世界的方法。你的生理又使自己适应那些信念。当我们真正认同信念的强大力量时，我们就拿到了通向自由的金钥匙。我们不能轻易改变基因蓝图的编码，但可以改变我们的心灵。

在我的授课中，我准备了两套塑料过滤纸，一套红色，一套绿色。我让听众挑出一种颜色，然后看一块白屏。然后，我说，我要放映一张图片，请他们大声喊出图片引起的情绪，是喜爱还是害怕。观众中那些戴上红色“信念”过滤器的人看到一张引人入胜的图片，上面有一个标着“爱的小屋”的村舍，有花朵、明媚的天空，还有一条信息：“我生活在关爱中。”而对于同一张图片，那些戴上绿色过滤纸的人看到的是：阴沉沉的天空，蝙蝠，蛇，一个黑暗阴郁的屋子，在屋外盘旋的幽灵，以及这些字样：“我生活在恐惧中。”于是，对同一张图片，一半人高叫“我生活在关爱中”，其他一半人同样肯定地高叫“我生活在恐惧中”。看到观众对于这种混乱场面的反应，我总感到乐不可支。

然后，我让观众换到另一种颜色的过滤纸。我想说的是，你可以选择要看到什么。你可以选择用玫瑰色信念来过滤自己的生活，帮助身体成长；也可以选择一张黑色过滤纸，把一切都变成黑色的，使身体容易患病。你可以过一种充满爱的生活，也可以过充满恐惧的生活。你有选择！但是我可以告诉你，如果你选择看到一个充满关爱的世界，你的身体会通过健康成长来做出反应。如果你选择相信自己生活在一个黑暗的世界，被恐惧包围，你的身体健康就会陷入危险，因为你从生理上把自己关闭在一种保护反应中。

学习如何利用心灵来促进成长是生命的秘密,这便是为何我把本书命名为《信念的力量》。当然,生命的秘密其实根本算不上什么秘密。古今的圣贤智者千百年来一直在给我们讲同一个故事。现在,科学也在指向同样的方向。控制我们生活的,不是我们的基因,而是我们的信念……啊,你这威力无穷的信念!

持有了这种想法,便得到了本书下一章的贵宾入场券。在下一章,我会详细讨论在关爱中生活与在恐惧中生活怎样对身、心产生相反的效果。本章结束之前,我还是想再次强调:带着谚语中的粉红色眼镜来体验生活,这没有任何不对。实际上,那些玫瑰色眼镜对于细胞的茁壮成长也是必要的。有了积极思维签署的授权令,你定能过上快乐、健康的生活。借用马哈特马·甘地[①]的话:

> 信念决定思想
> 思想决定言语
> 言语决定行为
> 行为决定习惯
> 习惯决定价值
> 价值决定命运

---

① 马哈特马·甘地(Mahatma Gandhi,1869—1948),也称作“圣雄甘地”,印度最伟大的政治领袖,带领印度脱离殖民统治。他的“非暴力”哲学思想对全世界都有深远影响。

第六章

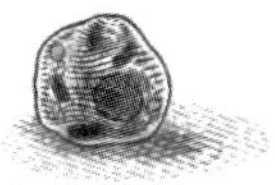

让恐惧见鬼去

进化为我们提供了许多生存机制。根据职能,它们大致可分为两类:生长机制和保护机制。生物若想生存,生长机制和保护机制不可或缺。你肯定知道自我保护很重要,但你可曾意识到即使是无望长高的成年人,生长对其生存也是极其重要的?人体内每天都有数十亿细胞死亡,被新生的细胞取代。例如,肠内的整个衬里细胞表层每七十二小时便全部更换一次。为了维持这种持续不断的细胞更新,人体每天都要消耗大量能量。

如果说我最初是在实验室中认识到生长和保护行为的重要性,想必你不会吃惊。在那儿,对单细胞的观察使我开始洞察、理解多细胞的人体。在克隆人类内皮细胞时,我发现,它们对我注入培养皿中的毒质退避三舍,正如人一见到美洲狮和黑巷强盗便夺路而逃。但它们对营养物质趋之若鹜,正如人类钟情于一日三餐和关爱。这两个对立的动作,定义了细胞对外界刺激的两种基本反应:生长反应,其特征是趋向于维持生命的信号,如营养物;保护反应,其特征是设法避开威胁性信号,如毒质。当然也必须指出,有的外界刺激是中性的,既不引起生长反应,也不导致保护反应。

我在斯坦福大学的研究表明,对于像人这样的多细胞机体,生长/保护行为同样也是必需的。但,这两种相对的生存机制在数十亿年之久的进化中一直都在互相抵触。事实证明,支持生长和支持保护的机制不能同时发挥最佳作用。换句话说,一个细胞不能同时既前进又后退。我在斯坦福研究过人类的血管细胞,它们可显示吸取营养时的显微解剖与保护反应时的显微解剖,而两者截然不同。但是,这两种构造无法同时被显示。

与单个细胞类似,当人体进入保护状态,便不可避免地要限制生长行为。与美洲狮狭路相逢时,因顾及生长而保留能量就绝非明智之举。为了活命——逃出狮口——你必须调动所有能量,用于战斗反应或逃离反应。为使保护反应生效,人体重新分配能量储备,而这必然导致生长减弱。

除了要转移能量以支持处于保护反应的组织和器官,生长受抑还另有原因。生长过程需要在机体与其环境之间建立一个开放的交换体系。例如,食物被吸收,而废物被排出。然而,保护过程则要求这一体系完全关闭,以把机体和威胁因素彻底隔离开来。

生长过程虽消耗能量,但它同时也制造能量。从这一点来说,抑制生长过程也会减损机体力量。因此,持续的保护反应会削弱机体创造能量、维持生命的能力。处于保护状态越久,生长便受限越多。事实上,我们经常彻底地中断生长过程,所以“吓得要死”成了口头禅。

所幸的是,大多数人并没有真的落到“吓死”的地步。与单个细胞不同,多细胞机体的生长/保护反应并非“二者只能选一”的命题——人体内的五十万亿个细胞不必同时全部处于生长或保护模式。转入保护反应的细胞的数量，取决于威胁的严重程度。人可以顶着威胁的压力生存，但生长机制的长期压抑会严重危及生命力。因此，有一点也很重要：要想充分展示生命力，只消除压力源是远远不够的。生长—保护是一个互联体系，压力源的消除仅能把人置于中性点上。为了让生命焕发活力，我们不但必须消除压力源，而且应当积极寻求一种快乐的、充满关爱的、能实现个人抱负、激发生长过程的生活。

本土防御的生物学

在多细胞生物体中，生长/保护行为是由神经系统控制的。监测环境信号、翻译它们，组织适当的行为反应，这是神经系统的职责。在一个多细胞群落中，神经系统就像政府一样工作，组织其细胞公民的活动。当神经系统识别出一个威胁性的环境压力，它就会向群落中的细胞报警，预告危险即将来临。

身体实际上被赋予了两个独立的保护系统，每一个对于维持生命都极其重要。第一个系统调动针对外部威胁的保护。它称为 HPA 轴，即下丘脑—垂体—肾上腺皮质轴。没有威胁信号时，HPA 轴不运转，生物体生长旺盛。然而，当大脑的下丘脑察觉到一个环境威胁信号，便通过向脑下垂体发送信号，调用 HPA 轴。脑下垂体是“主腺体”，负责组织人体中的五十万亿个细胞应对即将发生的威胁。

回想细胞膜的刺激—反应机制，受体—效应蛋白——下丘脑和脑下垂体在行为上与它们相当。下丘脑的角色类似于受体蛋白,接收和识别环境信号;脑下垂体则和效应蛋白功能相同,使身体的器官投入行动。在对从外部环境来的威胁的反应中,脑下垂体向肾上腺发出一个信号,告诉后者需要配合身体的“战斗或逃离”反应。

应力刺激如何运用 HPA 轴的技术细节遵守一个简单级联:对大脑记录的压力的知觉进行反应时,下丘脑分泌一种促肾上腺皮质激素释放因子(CRF)。CRF 到达脑下垂体,激活特别的垂体激素分泌细胞,使它们释放促肾上腺皮质激素(ACTH)到血液中。然后 ACTH 朝脑下垂体进发。在脑垂体中,ACTH 充当发动“战斗—逃离”肾上腺激素分泌的信号。这些应激激素协调身体各器官的功能,为我们抵御或者逃离危险提供巨大的生理力量。

一旦肾上腺的警报响起,释放到血液中的应激激素压迫消化道的血管,迫使提供能量的血液优先为四肢的组织提供养分,好使我们能逃离危险。血液输送到四肢前,被集中在内脏器官中。在战斗或逃离反应中,内脏的血液重新分配到四肢,导致生长相关功能的抑制。没有血液的滋养,内脏器官无法正常行使功能;内脏器官停止维生的工作,如消化、吸收、排泄,及其他为细胞生长和身体能储生成做准备的功能。因此,应力反应抑制生长过程,并通过干扰维生必需的能量储备的生成,进一步使身体的存活受到损害。

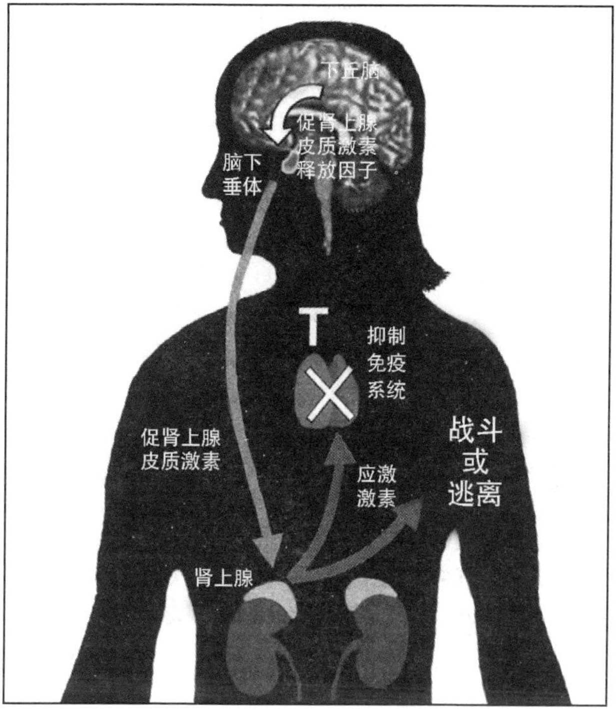

身体的第二个保护系统是免疫系统，保护我们免受源于皮肤之下的威胁，如由细菌和病毒引起的威胁。当免疫系统被调动，便能消耗很多身体能量供应。为了对免疫系统耗费的能量有个感觉，我们不妨回想一下，与流感或感冒这类感染作斗争时，你的身体会变得有多虚弱。当 HPA 轴调动身体进行战斗或逃离反应时，肾上腺素会直接抑制免疫系统的活动，节约能源储备。事实上，应激激素对于限制免疫系统功能非常有效，因此医生会向移植器官的接受者提供应激激素，使他们的免疫系统不会排斥异体组织。

为什么肾上腺系统会关闭免疫系统？想象你身处非洲大草

原,因细菌感染在帐篷内痛苦煎熬,且严重腹泻。你听到帐篷外传来令人胆寒的狮吼。大脑必须对于何种威胁更严重作出决定。假如遭到狮子撕咬,征服细菌对身体显然并无益处。因此你的身体中止了对感染作战,转而调集能量,以便溜之大吉,从已经近在咫尺的狮子身边逃生。因此,调用 HPA 轴的第二个结果是,它会妨碍我们与疾病作斗争的能力。

激活 HPA 轴也会干扰我们冷静思考的能力。推理和逻辑的执行中心——前脑,其信息处理大大慢于由后脑控制的反射活动。在紧急情况下,信息处理越快,生物存活的可能性就越大。肾上腺应力激素压迫前脑中的血管,降低前脑的功能能力。此外,这种激素还会抑制自觉意志活动中心——大脑前额叶皮层——的活动。在紧急情况下,血管流和激素帮助激活后脑,后脑是最有效控制战斗或逃离行为的维生反射动作的源头。压力信号有必要抑制处理速度更慢的意识心灵,以提高生存能力,但付出的代价是——意识知觉减弱,智力降低。

要命的恐惧

还记得吗?我那些加勒比的医学生,在像狮子一般可怕的医学院考试中失败后,脸上露出了不知所措的惊呆表情。如果我的学生们因恐惧而惊呆,我可以向你保证,他们在期末考试中肯定也会表现得大失水准。简单的事实是,受到惊吓时,人会变蠢。老师在那些“考不好”的学生身上随时可看到这一点。考试压力使这些学生无法正常思维,他们用颤抖的手写下错误答案。因为,在惊恐中,他们无法使用通过一个学期的努力获得的、储存在脑中的信息。

HPA 系统是一个杰出的机制，因为它能处理急性应激。然而，保护系统不能被持续激活。在今日世界上，我们感受到的大部分压力，其形式都不是急性的、具体的“威胁”，我们不能轻易在辨别、反应后继续前行。我们时常被许多无法解决的焦虑围困：个人生活、工作，饱受战争蹂躏的全球社会。这些焦虑并不威胁我们的直接生存，但它们能激活 HPA 轴，导致应激激素长期居高不下。

为说明持续肾上腺素的不利影响，让我们来看看跑道赛跑的例子。一组训练有素、身强体健的短跑选手在起跑线上就位了。当听到“各就各位”的口令，他们蹲下，双手撑地，脚调整到起跑器上。发令员大声喊道：“预备！”运动员用手指和脚趾支撑起身体，肌肉绷紧。转入“预备”状态后，他们的身体释放能推进奔跑速度的肾上腺激素，使肌肉有能量完成前面的艰巨任务。当运动员在等待“开始”口令时，他们的身体因对任务的期待而十分紧张。在正常比赛中，那种紧张仅会在发令员叫出“开始”前持续一两秒。然而，在我们的虚拟比赛中，使运动员投入行动的“开始”指令永远也等不来。运动员被留在起跑器上，血液中充满肾上腺素，身体则因准备永不开始的比赛而压力沉重，疲惫不堪。无论他们的体格多么雄壮，数秒钟内，这些运动员的身体就会因巨大的压力而崩溃。

我们生活在一个“预备”的世界。不断增加的研究指出，超警觉的生活方式正在严重影响我们的身体健康。日常的压力源不断地激活 HPA 轴，为随时冲刺做准备。不像竞赛中的运动员，我们体内的应激激素不是从由长期恐惧和忧虑引发的压力中释放出来的。人们得过的几乎所有主要疾病,都与长期压力有关。

在《科学》杂志2003年一篇有启发意义的论文中,研究员思考为何病人服用了选择性5-羟色胺再摄取抑制剂(SSRI)类抗抑郁药物,例如百忧解(Prozac)和左洛复(Zoloft)后,病情不能马上好转。通常,病人在开始服药的两个星期后才会觉得病情有起色。研究发现,抑郁症病人在大脑中称为海马[①]的区域内显示出缺乏细胞分裂,这实在令人愕然。海马是神经系统的一部分,与记忆关联。药物疗程开始的几个星期后,病人第一次开始体验SSRI类药物改变情绪的效果时,海马细胞才重新开始细胞分裂。这个研究和其他研究都对这样一种理论提出质疑:抑郁症只不过是"化学失衡"的结果,这种失衡影响大脑中显示单鞍信号的化学物(确切地说是五羟色胺)的产生。如果事情真是这么简单,SSRI就应该能立刻恢复那种化学平衡。

更多的研究人员都指出,应激激素导致的神经生长受抑是抑郁症的缘由。实际上,长期抑郁病人的更高级推理中心,海马和前额叶皮层,受到物理性收缩。《科学》上发表的对这个研究的评论说:"单胺假说近年来被应激假说超越,后者假定大脑的应力机制超速转动时会引起抑郁症。该理论中最引人瞩目的角色是下丘脑—垂体—肾上腺皮质轴(HPA轴)。"

HPA轴对细胞群落的影响,忠实地反应了压力对人类产生的影响。让我们设想冷战时代一个充满活力的社区。那时,苏联发动核战的可能性沉重地压在美国人心上。就像多细胞生物

① 海马是大脑中被认为是感情和记忆中心的部分。

体中的细胞，这个冷战社区的成员们积极地工作，想为社会的发展作贡献，并且通常都互相相处得很好。工厂忙碌地生产，建筑工人建设新家，杂货店出售食物，小孩在学校学习知识。整个社区都处于一种健康和生长的状态，所有社区成员都朝着一个共同目标建设性地互动。

突然之间，空袭警报响起，城镇开始摇晃。每个人都停止工作，四散逃亡，寻找防空洞。社区的和谐瞬间打破，个人都只为自己的生存而行动，想方设法找出一条路冲向防空洞。五分钟后，信号响起，一切都过去了。居民们又重回工作岗位，继续在不断生长的社区中生活。

但是，假如警报响起，居民们跑进防空洞后，没有“一切都过去”的信号来令他们解脱，那接下来的情形会是怎样？人们会无限期地保持在防范状态。他们的防护状态可以持续多久？随着食物和水供应量的减少，社区最终会崩溃。甚至是最强壮的成员也会一个个死去，因为长期的压力使人衰弱。一个社区能轻松地度过短期压力，例如空袭演习，但是当压力不断持续，结果便会是生长停止，社区土崩瓦解。

压力对人类影响的另一个实例是“9·11”悲剧的故事。在恐怖分子袭击之前，美国处于一种生长状态。“9·11 事件”后，不但是纽约人，整个国家的人民都听到了这一惊心动魄的新闻。于是，我们体验到了生存所受的威胁。政府发表宣告，强调在“9·11”袭击之后危险还会持续存在。这一宣告的冲击力正如肾上腺信号的影响，使群落中的成员从生长状态转入保护状态。在惶惶不安令人窒息的几天后，国家经济活力急剧受损，总统不得不出面干预。为了刺激生长，总统反复强调：“美国市场仍然向世界开放。”过了一段时间后，恐惧才消退，经济才回升。然而，对恐怖分子挥之不去的恐惧仍然在削弱我们国家的活力。作为一个国家，我们应该更仔细地审视对恐怖主义未来行动的恐惧在如何损害我们的生活质量。在某种意义上，恐怖分子已经赢了，因为他们成功地使我们因惊恐而进入长期的、侵蚀灵魂的保护状态。

我还想建议的是：你该去检查恐惧和因此产生的保护行为如何影响你的生活。何种恐惧在遏制你的生长？这些恐惧从何而来？它们是必要的吗？它们是真实的吗？它们对充实的生活有无裨益？在下一章中，我们将更多地讨论恐惧及恐惧的由来。如果我们能控制恐惧，就能重新掌握生活。富兰克林·D·罗斯福总统[①]深知恐惧的毁灭性本质。对被大萧条和迫在眉睫的世界大战阴影笼罩的美国人民，他如是说：“除了恐惧本身，我们一无所惧。”让恐惧见鬼去吧，这是迈向更充实、更令人满意的生活的第一步。

① 富兰克林·德诺拉·罗斯福(Franklin. D. Roosevelt，1882—1945)，美国第三十二任总统。

第七章

父母千万别闲着

你肯定听过那种诱人的说法:父母把基因赋予孩子后,便可在孩子的生活中退居幕后了——父母所需做的,不过是要避免虐待孩子,供给孩子衣食,然后等着看那些预置的基因会把孩子领向何方。这种观点使父母能继续享受“无子女生活”——只需把孩子扔到日托所,托付给保姆。所以,对于忙碌或懒惰的父母,这个说法很有吸引力。

对于像我这样有好几个性格完全不同的亲生孩子的家长,这个说法也很有吸引力。我过去曾认为,我的两个女儿性格迥异,是因为她们在被孕时继承了两套不同的基因——那可是一个随意选择过程,我和她们的妈妈都无法插手。我想,毕竟她们在相同的环境中长大(培育),因此,她们差异的原因只能在于遗传(自然)。

现在我知道,事实并非如此。前沿科学家正在证明母亲和开明父亲一直都知道的事情:父母的作用确实很重要,虽然销售火爆的书籍力图使父母亲相信自己无足轻重。引用产前和围产期精神病学领域的先驱托马斯·维尔尼博士的话:“过去十年内同行评审文献的调查结果证实,父母对他们所抚养的孩子的心理和身体特征都有巨大影响。这是毋庸置疑的。”

维尔尼说,那种影响不是始于孩子诞生后,而是始于孩子出生前。1981年,在他那本有里程碑意义的著作《胎儿的秘密生活》中,维尔尼首次提出“父母的影响甚至延伸至子宫内”这一设想。彼时,他还仅有初步的科学证据,一干“专家”均表示怀疑。因为科学家曾认为,人出世后,大脑才会开始运作;他们假定,胎儿和婴儿没有记忆,也没有痛觉。毕竟,创造了“幼年经验失忆症”这一术语的弗洛伊德指出,大多数人都不记得三四岁之前发生的任何事情。

然而,实验心理学家和神经学家正在推翻婴儿不能记事——或者说不能学习的拟想,以及“父母只不过是孩子生命历程的旁观者”这一观点。胎儿和婴儿的神经系统有巨大的感觉和学习能力,且有一种神经学家称为“内隐记忆”的记忆。另一个产前和围产期心理学领域的先锋,大卫·张伯伦,在其著作《新生婴儿的心灵》中写道:“真相是,我们对婴儿的许多传统看法都是错误的。它们不是简单的生命,而是复杂的、不老的——小家伙,却有出人意料的大思想。”

这些复杂的小家伙在子宫内的降生前生活会深刻地影响他们出生后的长期健康和行为。“子宫是我们出世前临时的家;我们在子宫内的生活质量,编译了我们对冠状动脉疾病、中风、糖尿病、肥胖以及大量未来可能遇到的疾病的敏感度。”在《腹中岁月:健康和疾病的起源》一书中,彼特·纳萨尼尔兹博士这样写道。最近,范围更广的成人相关慢性病,包括骨质疏松、情绪障碍和精神病,都被发现与产前和围产期发育的影响有密切联系。

胎内环境在疾病产生中扮演的角色逐渐被认同,这迫使人们对遗传决定论重新考虑。纳萨尼尔兹写道:“越来越多的证据表明,在决定我们一生中的心理和生理表现方面,子宫内条件对人一生健康状况的编译作用与基因同等重要,假如不是更重要的话。基因近视一词很好地形容了普遍传播的看法,即,我们的健康和命运都由基因单独控制。与基因短视的相对宿命论相反,了解了子宫内生活质量用以编译未来人生的机制,我们就可以提高孩子的生命起点,乃至孩子的孩子的生命起点。”

纳萨尼尔兹所指的编译“机制”,即为我们之前讨论过的表观遗传机制。通过表观遗传机制,环境刺激调控基因活动。如纳萨尼尔兹所说,父母可以改善胎内环境。如果这样做,他们就是在为孩子充当基因工程师。当然,说父母能把自身生活中发生的遗传性变更传递给孩子,这种观点是一个与达尔文主义进化论相抵触的拉马克式概念。纳萨尼尔兹是那些敢于为拉马克大声叫好的科学家中的一个:“通过非遗传方式进行的性状跨代传递确有其事。拉马克是对的,虽然在他的时代,获得性状的跨代传递发生机制尚未被了解。”

婴儿在出生前便能对母亲察觉到的环境情况做出回应。这种回应性使他们能最优化基因发育和生理发育,因为他们使自己适应环境预报。假如个人在胎儿期和新生儿期发育阶段便经历不利的营养情况和环境情况,则同一种提升生命质量的人类发展表观遗传可塑性会出差错,导致个人在老年期出现一系列慢性疾病。

在小孩出生后,同一种表观遗传的影响仍继续作用,因为父母继续影响孩子的环境。尤其是,奇妙的新研究在强调良好培育对大脑发育的重要性。“对小孩子发育中的大脑,社会提供影响基因表达的最重要经验,而这种经验又决定了神经元在创建引起心理活动的神经通路时如何互相连接。”丹尼尔·西格尔博士《心灵在发育》一书中写道。换句话说，婴儿需要一个良好的培育环境，以激活使脑部健康发育的基因。最近的科学研究揭示，甚至在孩子出生之后，父母仍继续充当遗传工程师。

父母的编译作用：潜意识心灵的力量

我想告诉大家，我——曾把自己归入未准备好要孩子的那类人——如何开始怀疑我对养育子女的根深蒂固的假设。我在加勒比开始我的再评估；这个说法肯定不会令你诧异，因为正是在那儿，我向新生物学的转变苗头初露。我的重新评估实际上是由一个不幸事件激发的，我遭遇了一次摩托车事故。当我在高速状态下紧急刹车时，我正赶着去讲课。摩托车四脚朝天地停下来了，撞击了地面，我受到了重重一击。幸运的是，我当时戴了一个头盔。我昏迷了半小时，一时间我的学生和同事都以为我死了。当我苏醒时，我觉得全身每根骨头好像都断了。

接下来的几天，我都几乎无法行走。而勉强走路时，我看起来简直就像不断尖叫的卡西莫多[①]，每一步都极端痛苦，都在提醒我“速度害死人”。一个下午，当我咯吱咯吱地走出教室时，一个学生提议，如果我去看看他的室友，说不定会有帮助。这个室友也是个学生，是个手疗师。只是，我不但从未拜访过手疗师，而且因为对症疗法团体的教导，把手疗师当成江湖郎中来躲避。

---

① 卡西莫多，法国作家雨果名著《巴黎圣母院》中的人物形象，外貌奇丑，心地善良。

但是如果你痛得那么撕心裂肺，且处于一个那么陌生的环境，你八成也会去尝试在轻松时刻根本不会考虑的事。

在手疗师的临时寝室“办公室”里，我第一次见识到了通常被称为肌肉测试的人体运动学。手疗师让我伸出手臂，顶住他加到手臂上的向下的压力。然后他叫我再次伸出手臂，顶住压力，同时说“我叫布鲁斯”。我同样毫不费力地顶住了。但这时我已经开始想，学术界同事的告诫说得没错——“都是骗人的！”接着，手疗师让我伸出手臂抵挡压力，同时认真地说“我叫玛丽”。令我大吃一惊的是，我的手臂直往下掉，虽然我顽强抵抗。“等一下，”我说，“我肯定是用力不够。再来一次吧。”我们又再来了一次，这一次，我更竭尽全力地抵抗压力。但是，在重复了“我叫玛丽”后，我的手臂还是像块石头一样掉下去。学生手疗师解释道，如果意识中有一个信念与之前学到的储存在潜意识心灵中的“真相”相冲突，这种智能冲突便表现为身体肌肉力量的削弱。这个学生现在已是我的老师了。

令我吃惊的是，我认识到，在学术环境中，我自信能自如地运用意识心灵；但是，当我说出的意见和储存在潜意识心灵中的真相相左时，意识心灵居然会不听我指挥。当我说“我叫玛丽”时，我的意识心灵想要举起手臂，但潜意识心灵却解构了它的最大力量。原来还另有一个“心灵”，还有另一种共同驾驭我生命的力量，这个发现实在令我惊异不已。更令我震惊的是一个事实：正如弗洛伊德所说，这个我知之甚少（除了在心理学理论中学过一点）的潜藏的心灵，实际上比我的意识心灵更强大。总而言之，我对手疗师的首次拜访是一个改变生命的经历。我知道了手疗师可以利用人体运动学来对准脊椎错位，从而发掘出人体内与生俱来的治愈力量。在“江湖郎中”的桌子上接受了几次简单的脊椎调整之后,我便神气活现地走出了那个宿舍,感觉自己得到了重生……所有这一切,都没有用到药品。最重要的是,我从此认识了“幕后高手”——我的潜意识心灵!

离开校园时,我的意识心灵一直在思考潜意识心灵强权的含义,而那潜意识心灵之前一直是深藏不露的。我也把对量子物理学的研究和这些思考联系起来。量子物理学教给我,思想能比物理分子更有效地推动行为。我的潜意识“知道”我的名字不是玛丽,因此在我坚持说我叫玛丽时犹豫不前。我的潜意识还“知道”些什么,又是如何知道的?

为了更好地理解在手疗师办公室发生的事情,我首先求助于比较神经解剖学。比较神经解剖学揭示出,一种生物在进化树上的位置越低,它的神经系统就越不发达,因此也就越依赖于预置行为(自然)。飞蛾向光飞,海龟回到特定的岛屿在适当的时间到海滩上产卵,燕子在特定的日期飞回卡皮斯特拉诺①。然而,就我们所知,这些生物中没有一个知道为何它们要从事这些行为。这些行为是天性使然;它们被天生地内置于生物体中,被归类为本能行为。

进化树上位置更高的生物有更复杂的综合性神经系统,头部内的大脑越来越大,使他们可通过体验式学习(培育)获得复杂精细的行为模式。这种环境学习机制的复杂性在处于进化树顶部,或至少也是接近顶部的人类身上到达顶点。引用人类学家埃米利·舒尔茨和罗伯特·拉文达的话:“较之于其他物种,

---

① 卡皮斯特拉诺(Capistrano),地名,位于美国加利福尼亚州。

人类更依赖学习来求生存。例如,我们没有可自动保护我们、自动为我们找到食物及栖身之所的本能。"

当然,我们的确有天生的行为本能——想想婴儿的这些本能:吮吸,手遇到火便立刻拿开,被放到水中时不自觉地游动。本能是内置的行为,对所有人的存活都是基本的,不论这些人属于何种文化,或出生于人类历史的哪个时期。我们生来具有游水的能力;婴儿出生之时便能像海豚一样优雅地游动。但是小孩很快就从父母那儿学到对水的恐惧——当小孩趁大人不注意冒险走近水池或其他开阔水面时,观察父母的反应。孩子从父母身上学到水是危险的。以后,当父母教小朋友游泳时,就得费一番心思。第一个大问题就是帮助他克服对水的恐惧,而这种恐惧正是父母在早期灌输给他的。

但是,在进化过程中,我们所学到的知觉变得越来越强大,尤其是因为它们能推翻遗传编译的本能。根据性质,身体的生理机制(例如,心率、血压、血流量/出血模式、体温)都是程序化的本能。然而,瑜伽信徒和使用生物反馈的普通人都可学习自觉地调控这些"天生"的功能。

我们之所以有学习那些复杂行为的能力,科学家已归因于我们的较大的大脑。然而,鲸类动物(鼠海豚和海豚)脑颅内装入的脑表面积比人类的更大。想到这一点,我们对较大大脑理论的热情应当降降温了。

1980 年《科学》杂志上发表的文章《大脑当真必不可少吗》重点提到了英国神经病学家约翰·罗伯博士。约翰·罗伯博士同样对这个观点提出质疑:大脑的大小是人类智能的最重要原因。罗伯研究了许多脑水肿的病例。他的结论是,甚至当大部分大脑皮质，即大脑的外层都缺失时，病人依然可以正常生活。《科学》杂志上那篇论文的作者罗杰·勒温在论文中引用了罗伯所述的例子：

> 这个学校（设菲尔德大学）的一个年轻学生，智商高达一百二十六，在数学上获得了一级荣誉学位，社交能力亦完全正常。但是这个男孩事实上却没有大脑。我们对他进行了脑部扫描后看到，在脑室和皮质表面之间不是正常的四又二分之一厘米厚的大脑组织，而是仅有薄薄一个厚度一毫米左右的覆盖层。他的颅内充满的主要是脑脊液。

罗伯这个引起轰动的发现表明，关于大脑如何运作，关于人类智能的物质基础，我们那些长期持有的信念都需要被重新考虑。我在本书的后记中主张，仅当我们接受了精神（“能量”）或量子物理学——有悟性的心理学家所称的“超意识”心灵，我们才能充分了解人类智能。但现在，我要继续讨论意识心灵和潜意识心灵，讨论这些使心理学家和精神病学家长期以来呕心沥血的概念。我在此讨论它们，是希望能为有意识的培育和能量基础上的心理治疗法提供一个生物学基础。

人类的编译：当好的机制变坏

让我们回到人类在进化过程中所需应对的挑战。在进化过程中，为了存活，为了成为社会共同体的一部分，人类不得不尽快学习更多的东西。人类大脑有进化赋予的能力,可快速下载不可想象的大量的行为和信念到记忆中去。持续的研究表明,要了解这种信息飞速下载的工作原理,关键是通过脑电图(EEGs)探测到的大脑电活动波动图。脑电图(EEGs)的字面定义是“电子头部图像”。水平越来越高的头部图像揭示出了各种分级的人类大脑活动。成人和孩童都显示出了范围从低频 δ 波到高频 β 波的脑电波变化。然而,研究者已经留意到,在发育的每个阶段,儿童的 EEG 活动都显示出一种占主导地位的特定脑波。

在《定量脑电图和神经反馈》一书中,作者利玛·莱保博士描写了大脑活动中这些发育阶段的进展。在出生到两岁之间,人类大脑主要以从二分之一赫兹到四赫兹的最低 EEG 频率运作,称为 δ 波。虽然 δ 波是儿童的主导性大脑波活动,但婴儿能展示出周期性的较高频 EEG 活动短脉冲。在二岁到六岁之间,儿童花更多的时间在以 θ 波为特征的较高层次 EEG 活动上。催眠治疗家使其病人的脑活动不知不觉放慢到 δ 和 θ,因为这些低频脑波使他们进入一种更容易接受暗示和更容易受编译的状态。

这就给我们提供了一个重要的线索:在出生至六岁间,大脑主要以这些相同频率运作的儿童,为何能够下载在其环境中茁壮成长所需的天文数量的信息。处理这些巨量信息的能力是一种重要的神经适应,可促进文化适应的这种信息密集过程。人类环境和社会习俗变化很快,通过由遗传编译的本能来传递文化行为不可能成为优势。小孩子仔细观察他们的环境,把父母提供的世俗智慧直接下载到他们的潜意识记忆中。结果是,父母的行为和信念变成了他们自己的。

日本京都大学灵长类动物研究所的研究员发现,小黑猩猩同样可通过观察其母亲的行为来学习。在一系列实验中，一只黑猩猩母亲被教会以各种颜色来辨认日文字符。当特定颜色的日文字符在屏幕上闪现，猩猩母亲学习去选择正确颜色的布样。如果颜色选择正确，猩猩母亲得到一个硬币，她可把硬币投入自动售货机，买到一个水果。在训练过程中，她始终紧紧抱着她的小黑猩猩。一天，令研究员惊讶的是，当猩猩母亲从售货机中取出她的水果时，小猩猩激活了电脑。字符出现在屏幕上，小猩猩选出了正确的颜色，得到一枚硬币，跟着妈妈走到了售货机前。震惊不已的研究员由此得出结论：婴儿仅仅通过观察便可学到复杂的技能，而不必受父母的积极训练。

同样，对于人类，我们从父母身上观察到的基本行为、信念和态度，都会像突触通路一样深深根植在潜意识心灵中，一旦编译到潜意识心灵中，它们便会一生都控制我们的生物学……除非我们能设法重新编译。倘若你怀疑这个下载功能的巧妙性，你应该想想你的孩子第一次脱口而出说出一句从你那儿学来的骂人话的情形。你肯定注意到了，这句骂人话的老练程度、发音、表情配合乃至使用语境，都带有你自己的印记。

考虑到这个行为录制系统的精确性，你就可以想象，假如你听到父母说你是“蠢东西”、你“一文不值”、你将“永远一事无成”，“根本不该生”你，或者你是一个“多病的、体弱的”人，那会有什么后果。当不动脑筋或心不在焉的父母把这些信息传达给他们的小孩时，他们无疑忽略了一个事实，即这些评价必定会被孩子当做绝对的“事实”，下载到潜意识记忆中，就像比特和字节被下载到你桌上电脑的硬盘中。在早期发育中，儿童的潜意识还没有足够发展，不能批判性地评定出父母的这些说法只不过是随口说说，并不一定就是“自身”的真实特征。然而，一旦编译到潜意识中，这些信口开河的话被定义为“真相”，会不知不觉地影响着孩子一生的行为和潜力。

人越长大，大脑更高频率的 α 波出现越增多，我们便越不易受外界评价的影响。α 活动等同于冷静意识的状态。当我们大部分的感官，例如眼睛、耳朵和鼻子，关注外部世界时，意识就像一个“感觉器官”，其行为类似于一面镜子，把身体自身细胞群落的内部活动反射回来；它是一种对“自身”的认知。

到了十二岁左右，儿童的 EEG 谱开始显示一种定义为 β 波的更高频率的持续出现。β 大脑状态的典型特征是“积极意识或集中意识”，你读这本书时即是使用这种大脑活动。最近，第五种 EEG 活动的更高状态被定义了。这种 EEG 频率被称为 γ 波，它在“巅峰表现”状态中开始生效，例如当飞行员在飞机降落的过程中，或当职业网球手在飞火流星似地凌空击球时。

到儿童进入青春期时，他们的潜意识中塞满了信息，其范围从如何行走的知识到他们将永远一事无成的“知识”，或到由充满爱心的父母培养起来的“只要努力便可心想事成”的知识。我们的遗传程序化本能和从父母处学到的信念共同组成潜意识。这种潜意识可能消解我们在手疗师办公室内保持手臂举起的能力、戒毒或停止暴饮暴食的美好新年愿望。

我再次回到细胞，回到教会我们那么多关于我们自身的知识的细胞。我曾多次说过，单细胞是有智能的。但是请记住，当细胞连接在一起变成多细胞群落后，它们会服从生物体的“集体声音”，甚至当那个声音是要求进行一个自我毁灭的行为时也是如此。我们的生理和行为模式顺从中央声音发出的“真理”，无论它是建设性信念或毁灭性信念。

我已经描述了潜意识心灵的力量，但我想强调，没必要把潜意识视为吓人的、超强的、弗洛伊德式的毁灭性“知识”。事实上，潜意识是一个没有感情的存储程序的数据库，其功能严格地限定于读取环境信号和运行根深蒂固的行为程序，不问问题，也不作判断。潜意识心灵是可编译的“硬盘”，我们的生活经验全都下载到其上。那些程序基本上是固定的刺激—反应行为。激活行为的刺激物可能是神经系统侦探到的从外部世界来的信号和身体内部出现的信号，例如情感、愉悦和痛苦。当一个刺激物被察觉到后，它便会自动引起行为反应，这种行为反应是我们第一次体验到该信号时便学到的。事实上，那些认识到这种录放反应的自动性的人经常承认，他们的“录放装置按钮被按下”。

在意识心灵进化形成之前，动物大脑的功能仅由那些我们与潜意识心灵相连的部分组成。这些更原始的心灵是简单的刺激—反应装置，通过运行遗传编译的本能或简单的、已学到的行为，自动对环境刺激作出反应。这些动物不会“有意识地”运行那些行为，事实上，甚至可能未察觉到这些行为。它们的行为是程序化的反射，比如对一阵风作出反应时的眨眼，或轻敲膝关节后的踢腿。

意识心灵：内部的创造者

高等哺乳动物的进化形成，包括黑猩猩、鲸类动物和人类，产生了一个新的认知层级，称为“自觉意识”，简单地说，即是意识心灵。这种更新的意识心灵是一个重要的进化进展。在此之前,潜意识心灵是我们的"自动驾驶仪";而意识心灵是我们的人工控制。例如,如果一个球飞到你的眼睛附近,较慢的意识心灵可能来不及察觉到这个威胁性的物体。然而,相对于每秒翻译四十个环境刺激的意识心灵,每秒钟处理约两千万个环境刺激因素的潜意识会使你眨眼。潜意识心灵是已知的最强大的信息处理器之一,它具体关注周围世界和身体的内部认知,读取环境线索,即时运用之前获得的(学到的)行为——整个过程中,意识心灵都没有进行帮助、监督,甚至根本没有意识到。

意识和潜意识的信息处理能力的图像化。请设想上面马丘比丘①的图片由两千万个像素点组成,每个像素点都代表一比特由神经系统在一秒钟内接收到的信息。有多少信息进入了意识心灵?在下图中,白点代表意识心灵处理的信息的总量。(实际上白点已经比真正进入意识中的大十倍。我不得不把它放大,否则它几乎不可见。)对照之下,在同一秒钟内,强大的潜意识心灵处理所有剩下的进线信息(黑色区域)。

① 马丘比丘(Machu Picchu),现位于秘鲁的库斯科,是著名的古印加帝国遗迹。

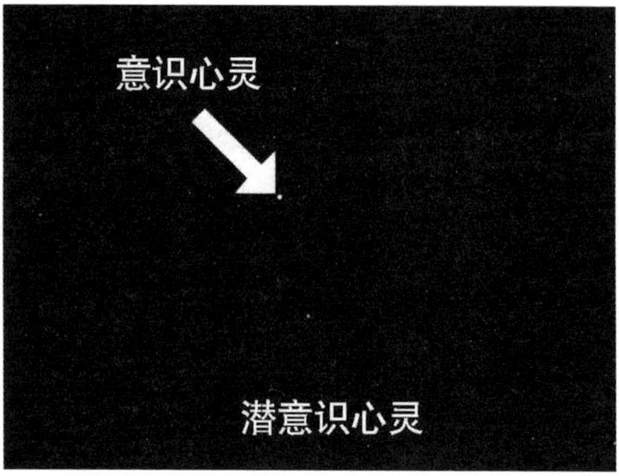

这两种心灵组成了动态配对。同时运作时，意识心灵可以利用其资源来集中关注某个特定的点，例如你星期五晚上要去参加的聚会。同时，你的潜意识心灵能安全地推着除草机四处走动，成功地不铲到你的脚或压到一只猫——虽然你并未有意识地去留心修剪草坪的事情。

这两种心灵也相互合作，以获取非常复杂的行为，这些行为随后能被无意识地管理。还记得你第一天激动不已地坐在汽车的驾驶员座位上，准备学开车吗？意识心灵需要应付的事情实在是太多了。眼睛盯着路面的同时，你还必须看后视镜和侧视镜；注意速度表和其他仪表；两只脚对付标准工程车辆的三个踏板；且在行经看热闹的伙伴时尽量显得冷静、潇洒、镇定。过了好像很长的一段时间，所有这些行为才被“编译”到你的心中。

现在，你钻进汽车，打开点火开关，清醒地审视购物清单，而潜意识心灵则尽职尽责地运用所有这些成功穿梭于城市中所需要的复杂技巧——甚至一次都不必考虑驾驶技术内容。我知道我不是惟一有过这种体验的人。你一边驾驶，一边和坐在你身旁的乘客谈笑风生。事实上,你的意识完全投入到谈话中,以至于已有五分钟之久都没有注意你是怎么开车的了。瞬间的吃惊后,你意识到你仍然在正确的车道,随着车流前进。你从后视镜中飞快地检查了一下,发现你没有留下一堆被压皱的停车信号或是碰碎的信箱。如果你并没有有意识地开车,那么谁在开车?是你的潜意识心灵!它开得多好?虽然你没有留意其行为,但潜意识心灵显然表现得很出色,正如在你学车期间它被教导的那样。

除了促进潜意识的习惯性程序,意识心灵还有一种能力,在对环境刺激的反应中进行自发性创造。意识心灵具有自我反思能力,能够在执行行为的同时也监视行为。当一个预置行为展开,善于观察的意识心灵介入进来,停止该行为,创造一个新的反应。意识心灵以这种方式赋予我们自由意志,这意味着我们不仅仅是我们程序的受害者。然而,要实现这一点,你必须意识充分清醒,以免被潜意识编译占了上风。这是一个艰巨的任务,每个尝试过意志力的人都可作证。只要你的意识心灵稍不注意,潜意识编译就趁虚而入。

意识心灵还能设想未来,反思历史,但潜意识心灵则永远都在为现在而运作。当意识心灵忙着做白日梦、创建未来计划,或者回顾过去的生活经历时,潜意识心灵永远都在值班,有效地管理当下所需的行为,而无需意识的监督。

这两种心灵构成了一个真正非凡的机制。但是,这个机制可能会误入歧途。意识心灵是“自我”,是我们自己思想的声音。它可以绘制伟大的设想和计划,憧憬一个充满关爱、健康、幸福和繁荣的未来。当意识沉醉在快乐的思想中时,谁在控制局面?

是潜意识。潜意识如何管理我们的事情？完完全全按照它被编译的方法。当我们不注意时，潜意识心灵的行为可能不是我们自己的创造，因为我们大部分的基本行为都是通过观察其他人而下载下来的，不分好坏。因为由潜意识引发的行为通常不受到意识的监督，许多人听说他们"真像父亲或母亲"时都十分惊愕。父亲或母亲，正是编译他们潜意识心灵的人。

从其他人身上，例如从父母、同僚、老师身上学到的行为和信念，可能不会支持意识心灵的目标。实现梦幻般成功的最大障碍，是编译到潜意识中的各种限制。这些限制不仅影响我们的行为，而且是决定我们生理和健康状况的重要因素。如我们所见，在控制令我们可活下去的生物系统时，心灵扮演了一个强有力的角色。

自然并没有打算让二元心灵的存在成为我们的阿喀琉斯之踵。实际上，这种二元性为我们的生命提供了一个精彩的优势。不妨这样想：如果我们有有意识的父母和老师，他们提供优秀的生活样本，永远和群体中的每个人都保持充满人情味的、双赢的关系，结果会怎么样呢？如果我们的潜意识心灵被编译了这些健康的行为，我们可以在无意之中就获得完全成功的生活！

潜意识心灵：我不断呼叫，但无人应答

意识心灵的本质是"思考着的自我"，它使人想到"机器中的幽灵"的画面；但潜意识心灵中没有类似的自我认知在运作。潜意识机制更类似于一个装载了行为程序的自动点唱机，每个程序都随时准备运行，只等着适当的环境信号出现，按下选择按

键。如果我们不喜欢点唱机中的某一首歌,就算你对它喊破喉咙,或与它滔滔雄辩,也不能使它重设播放列表。在大学里我见过不少醉醺醺的学生,他们徒劳地咒骂、踢打点唱机,后者则完全无动于衷。同样,我们必须认识到,无论意识心灵如何叫喊,如何哄骗,它都不能改变被编译到潜意识心灵中的行为"录音带"。意识到这种手段的无效性之后,我们就可以放弃与潜意识心灵的鏖战,采取一种更冷静的方法来重编它。对潜意识心灵发动攻击,与踢打点唱机希望它能重设播放列表一样,毫无意义。

与潜意识对抗徒劳无益,这个说法难于理解,因为,我们大多数人从小就下载的一个程序是"有志者事竟成"。所以我们一遍又一遍地试图推翻潜意识程序。通常,那种努力都会遇到不同程度的抵抗,因为细胞有责任拥护潜意识程序。

意识清醒的意志力与潜意识程序之间的对立可能导致严重的精神错乱。对我来说,为何我们不应当挑战潜意识的有力证据,来自于电影《闪亮的风采》[①]。电影基于真实的故事。在影片中,澳大利亚钢琴演奏家大卫·赫夫高特违抗父亲的意愿,到伦敦去学音乐。赫夫高特的父亲是纳粹大屠杀中的幸存者,他在儿子的潜意识心灵中编译了一个信念,即世界是不安全的,如果儿子"脱颖而出",那可能会危及生命。父亲坚持说,只有和家人在一起,才能确保安全。虽然父亲无休无止地这样说,但赫夫高特知道自己是一个世界级的钢琴大师,他需要离开父亲,去实

---

① 《闪亮的风采》(Shine),澳大利亚、英国合拍的电影,基于真实故事拍摄,剧中主人公是澳大利亚钢琴演奏家大卫·赫夫高特(David Helfgot)。

现自己的梦想。

在伦敦,赫夫高特在一次比赛中演奏了极为艰深的《拉赫玛尼诺夫第三钢琴协奏曲》。电影展示了他意识心灵和潜意识心灵的冲突:前者想要成功,后者则担心崭露头角、扬名世界会对生命有威胁。赫夫高特艰难地演奏着协奏曲,汗珠从眉毛上滴落。他的意识心灵极力想控制大局,而潜意识心灵则害怕赢得比赛,力图控制他的身体。在整个演奏中,赫夫高特都有意识地迫使自己保持冷静。但在弹到最后一个音符时,与潜意识程序的抗争耗尽了他的心血,他晕过去了。为了取得对潜意识的"胜利",他付出了惨重的代价:当他苏醒后,他疯了。

大多数人在试图消解孩提时接受的潜意识程序时,与潜意识心灵的对阵都没有这么戏剧化。我们通常看到的是,连续寻找无法胜任的工作,或者坚持做那些讨厌的工作,因为我们"不配"享有更好的生活。

抑制破坏性行为的惯常方法包括药物疗法和谈话疗法。更新的方法则认为与潜意识录音机放音装置"讲理"是没用的,因此发誓要改变我们的编译程序。这些方法利用了量子物理学中连接能量和思想的发现。事实上,这些疗法都意在重新编译之前学到的行为,可以被共同称为能量心理疗法。这是一个基于新生物学的迅速发展的领域。

但是,如果从最开始就被用心培育,那么,实现遗传潜能和创造性潜能该会容易多少!如果你自己做一个有意识的家长,使你的孩子、孩子的孩子也都成为有意识的家长,使预置程序不再必要,大家都追求一个更快乐更和平的世界,那该有多美好!

父母眼中的光芒：有意识的受孕 & 有意识的孕期

我们都知道这个说法，“当你还只是父母眼中星闪的光芒”。对于那些真心想要怀上孩子的父母，这个短语栩栩如生地呈现了他们的幸福神情。事实表明，这个短语同时也概括了最新的基因研究。研究表明，在怀上孩子之前，父母就应该用心培养那束光芒。那种促进成长的认知和意向能产生出一个更聪明、更健康、更快乐的婴儿。

研究揭示，在怀孕之前数月，父母就充当了孩子的遗传工程师。在卵子和精子成熟的最后阶段，一个称为基因组印记的过程调整了特定组别基因的活动，这些基因会塑造尚未被孕育的孩子的性格。研究提出，在基因组印记过程中，父母的生活经历对孩子的身心都产生深远影响。鉴于大多数人对要孩子都没有准备，这个提法真有点吓人。维尔尼在《提前培育：从受孕开始培育孩子》中写道：“是在关爱中被孕，还是在仓促或仇恨中被孕，以及母亲是否想怀孕，这些都会有影响……如果父母居于安宁稳定的环境中，没有不良嗜好，有家庭和朋友支持，他们会是更好的父母。”有趣的是，原住民文化千百年来都认同受孕环境的影响。在怀上孩子之前，配偶举行仪式，净化心灵和身体。

无数研究都记录着，当孩子怀上后，父母的态度对胎儿的发育何等重要。维尔尼再次写道：“事实上，过去十年中涌现出大量科学证据，要求我们重新评估未出世孩子的心理能力和情感能力。研究显示，无论醒着或睡着，他们（未出世的孩子）始终收听母亲的每个行动、思想和感觉。从受孕的那一刻开始,子宫内的体验便塑造了大脑,铺设了性格、情绪气质和高阶思维能力的基础。”

现在要强调一下:新生物学不是要回到过去时代;在那个时代,母亲因医学无法了解的病痛——从精神分裂症到孤独症——而受到责备。受孕,怀孕,父母都有份,虽然是妈妈把孩子怀在子宫内。父亲的所作所为深刻影响母亲,相应地又影响发育中的小孩。例如,如果父亲离家出走,母亲开始怀疑自己的生存能力,那么他的离去便极大地改变了母亲和未出世孩子之间的互相作用。同样的,社会因素,例如失业、住房、保健,或者把父亲送去参军的无穷无尽的战争,都会影响父母,因此影响发育中的小孩。

有意识养育的实质是,为了培养健康的、聪明的、有所作为的、充满喜悦的孩子,母亲和父亲都要担当重大责任。我们肯定不能因我们自己或我们孩子生活中的失败而自责或责怪父母。一直以来,科学都使我们的注意力集中在遗传决定论的观点上,让我们对信念对生活的影响一无所知;更重要的是,对我们的行为和态度如何编译孩子的生活一无所知。

大部分产科医生同样未受相关教育,不知道父母态度对婴儿发育的重要性。作为医学生,他们饱受的是遗传决定论的熏陶。根据遗传决定论,胎儿发育由基因机械性地控制,母亲仅有少许贡献。因此,妇产科医生关心的仅仅是产妇的几个产前问题:她吃得好吗?服用维生素吗?是否经常运动?那些问题都集中于母亲的主要角色——他们对母亲的主要角色想当然:胎儿是遗传编译的;母亲只是胎儿所需的营养元素的提供者。

但是,发育中的孩子从母亲血液中接受到的远远不止是营养物。如果母亲有糖尿病,则和营养物一起被胎儿吸收的,是过量的葡萄糖;若母亲长期焦虑不安,则胎儿会吸收过量的皮质醇和其他战斗或逃离激素。研究现在提供了对我们系统运作原理的深入了解。如果母亲受到压力,她激活 HPA 轴,HPA 轴为在威胁性环境中的战斗或逃离反应做好准备。

应急激素使身体准备投入保护反应。一旦母亲的这些信号进入胎儿的血流,就会影响胎儿体内的同一个目标组织和器官,就像它们在母亲体内的作用一样。在压力环境中,胎儿的血液优先流向肌肉和后脑,满足四肢以及对救生反射行为负责的大脑区域的营养需求。为了支持保护相关系统的功能,血流从内脏器官中分流出去,应激激素则抑制前脑的功能。胎儿组织和器官的发育与他们接受的血流量及他们提供的功能成比例。如果母亲正在经受长期压力,那么,母亲的激素流经过胎盘时,会极大地改变胎儿体内的血流量分布,从而改变发育中的孩子的生理。

墨尔本大学的 E·玛里琳·温杜尔研究生理上与人相当类似的妊娠期绵羊。研究发现,产前皮质醇暴露最终导致高血压。胎儿的皮质醇水平在其肾脏过滤组织肾单位的发育中起到重要的调控作用。肾单位细胞与身体盐分平衡的调控密切相关,因此对控制血压很重要。从压力大的母亲身上吸收的过量皮质醇,会更改胎儿的肾单位形成。过量皮质醇的另一个效果是,它同时把母亲与胎儿的系统从成长状态切换到保护姿态。其结果是,子宫内过量皮质醇抑制成长的效果会导致婴儿出生时体型较小。

子宫内条件欠佳导致婴儿出生体重较轻，同时也已被与许多成人疾病相联系。纳萨尼尔兹在他的著作《腹中岁月》中罗列了这些病痛，其中包括糖尿病、心脏病和肥胖症。例如，英国南安普敦大学的大卫·巴克博士发现，一个出生时体重低于五又二分之一磅[1]的男性死于心脏病的几率比出生时更重的男性大百分之五十。哈佛大学研究员发现，出生时体重低于五又二分之一磅的妇女患心血管疾病的风险比出生时更重的妇女大百分之二十三。伦敦卫生和热带医学院的大卫·李昂发现，在六十岁的男人中，出生时较瘦小的人糖尿病常见度高出三倍。

对产前环境影响的高度关注也延伸到了对智商的研究。遗传决定论者和法西斯主义者曾把智商简单地与基因联系。1997年，伯尼·德夫林，匹兹堡大学医学院的一个精神病学教授，仔细分析了之前对比双胞胎、兄弟姐妹、父母和子女智商的二百一十二例研究。他的结论是，在智商的决定因素中，基因仅仅占到百分之四十八。如果算上混合父母双方基因的协同效应的因素，智力中真正的遗传成分分量更进一步下跌，仅占百分之三十四。

另一方面，德夫林又发现，产前发育的条件对智商有极大的影响。他揭示出，一个儿童百分之五十一的潜在智力被环境因素控制。早前的研究已经发现孕期酗酒和抽烟会导致儿童的智商下降。这给想当父母的人一个教训：仅仅通过对妊娠的处理方式，你就会完全降低你孩子的智力。这些智商变化不是偶然事件；与它们直接相关的，是一个焦虑紧张的大脑内的不正常血

---

① 1 磅≈0.454 公斤。

流量。

我在关于有意识培育的授课中引用了研究结果，但同样也播放了一段视频。视频来自于意大利的一个有意识培育组织——国家产前教育协会。它生动地说明了父母和未出世孩子之间互相依存的关系。在视频中，一对准父母大声争吵，而准妈妈同时在做声波图。争吵开始时，你可以清晰地看到胎儿跳动。当玻璃碎裂的声音打断了争吵时，受惊的胎儿拱着身子跳起来，好像是在蹦床上一样。得力于以声波图为形式的现代技术力量，我们使这个说法永远安息：未出世的孩子不是足够成熟的生物体，不能对其营养环境之外的任何事物做出反应。

大自然的头脑开始编程

你可能在疑惑，为何进化会为胎儿发育提供那样一个看起来充满了邪恶、如此依赖父母环境的系统？实际上，这是一个高妙的系统，它帮助我们确保后代的存活。最终，孩子会发现自己处在和父母同样的环境中。从父母对他们环境的知觉中获得的信息输送到胎盘，优化产前生理，使他/她准备好更高效地应付在出生后将要遇到的未来迫切要求。这自然不过是为小孩子在那种环境中最好地存活而做准备。然而，在最新科学的武装下，父母现在有了一个选择。在孩子诞生前，父母可以认真地重新编译他们对生活的限制性信念。

父母编译的重要性削弱了这种看法，即，我们的个性特征，无论是积极还是消极，都完全是由基因决定的。如我们所见，从环境中学到的经验对基因进行塑造、引导和裁剪定制。我们都被引导相信，艺术、运动和智力方面的非凡造诣都是仅通过基因遗传的性状。但，不管一个人的基因有多“优秀”，如果一个人的培育经历充满了虐待、漠视和错误知觉，那么，基因潜力的实现便会受到破坏。丽莎·明尼利[①]的基因来自于超级明星母亲朱迪·加兰[②]和电影制作人父亲文森特·明尼利[③]。丽莎的生涯，其辉煌的明星地位和其低迷的个人生活，活生生就是由父母亲上演、并被下载到她潜意识心灵中的电影剧本。如果丽莎拥有同样的基因，但在一个适合培育的宾夕法尼亚荷兰农家长大，那种环境可能会外源性地触发基因的不同选择。为了顺应她处身的农业社会的文化需求，使她能追求成功演艺生涯的基因可能会被掩盖或被抑制。

有意识培育计划卓著成效的一个精彩例子，是高尔夫巨星泰格·伍兹。虽然他的父亲并非出色的高尔夫球手，但他竭尽全力使泰格沉浸在充满发展机遇的环境中，能不断提升一个高尔夫大师必须拥有的心态、技巧、态度和关注焦点。毋庸置疑，他的成功同样与他母亲灌输给他的佛家哲学密不可分。确实，基因是重要的——但是，只有通过有意识培育的影响和环境提供的丰富机会，它们的重要性才能被实现。

---

① 丽莎·明尼利（Liza Minnelli，1946—），曾获奥斯卡最佳女主角奖。三次婚姻均以失败告终，并被传滥用药物。

② 朱迪·加兰（Judy Garland，1922—1969），美国著名演员，主演过《绿野仙踪》等电影。因服用安眠药过量去世。

③ 文森特·明尼利（Vincent Minnelli），美国电影导演，代表作有《南海天堂》等。

有意识的母育和父育

我曾以这种告诫来结束我的公开讲座:我们必须亲身为生活中的每一件事情负责。这个结尾没有使我受到听众欢迎。对于许多人来说,那样的责任太重大了,难以接受。在一次讲座后,听众中一位上了年纪的妇人因我的结论而非常苦恼。她把她丈夫带到后台,眼泪汪汪,情绪激动地对我的结论提出异议。她不想在她经历过的某些悲剧中担当任何责任。这个妇人使我相信,我的总结性结论确实需要修改。我意识到,我并不是想帮忙把责任和罪行强加到任何个人头上。作为一个社会人,我们太容易沉迷于悔恨,或者把我们问题的责任都推给别人。当我们获得了对人生的深入洞察,就能做好更充分的准备,全面掌握自己的生活。

思量一阵之后,这位妇人高兴地接受了以下结论:一旦你知道你必须亲自为生活中的所有事情负责,你就必须亲自为生活中的所有事情负责。一个人不能因身为不称职的父母而"有罪",除非他已经明白了上述信息而对它毫不理会。知道了这个信息后,你就可以开始应用它,重新编译你自身的行为。

当我们谈到养育这个谜一般的话题时,如果说你对你所有的孩子来说都是同一个家长,这是绝对错误的。你的第二个孩子不是第一个孩子的克隆。第一个孩子降生后所发生的事情,现在并没有在你的世界里再次发生。我上面说过,我曾经认为,对于第一个孩子和与她性格迥异的第二个孩子,我都是同一个父亲。但是,当我分析我的培育方法时,我发现那并不正确。当我大女儿出生时，我还处在研究生院培训的初期，对我来说，那是一个困难的转变过程，工作量大，不稳定性也高。但二女儿出生时，我是一个更有自信、更有成就的科学研究员，准备开始学术生涯。我有更多的时间和更多的精力来培育我的二女儿，也能更好地培育那已在蹒跚学步的大女儿。

我想说的第二点是，婴儿需要大量刺激以增进智力，刺激的形式可是黑白闪卡，或父母可买到的其他学习工具。迈克尔·蒙蒂萨和约瑟夫·齐尔顿·皮尔斯在他们启发灵感的合著《神奇的父母——神奇的孩子》中说得很清楚：使婴儿和儿童学习和表现能力最优化的关键，是游戏，而不是编译。能够在游戏中培养孩子的好奇心、创造力以及孩童与生俱来的追根问底精神，这种父母才是孩子所需要的。

显而易见，人类需要的是以爱为形式的培育，以及对年长之人如何应对日常生活的观察能力。例如，如果孤儿院的婴儿总是睡在小床上，只有食物供应，而没有面对面的微笑和拥抱，那么他们就会出现长期的发育问题。哈佛大学医学院的神经生物学家玛丽·卡尔森对罗马尼亚的孤儿进行了研究，研究结论是：缺少触摸、无人关注以及糟糕的托儿所条件都阻碍了罗马尼亚孤儿的成长，并对他们的行为带来不利影响。卡尔森研究了六十名罗马尼亚儿童，年龄从几个月到三岁不等，通过分析唾液样本测量了他们的皮质醇水平。孤儿血液中的皮质醇水平高于正常水平越多；他的抑郁程度便越高，其成长状况也便越糟糕。

卡尔森和其他人同样也研究了猴和鼠，研究证实，触摸、应激激素皮质醇的分泌水平与社会发展之间存在着至关重要的联系。美国国立卫生研究院人类健康与儿童发展部门的前负责人詹姆斯·W·普莱斯考特通过研究揭示：新生猴子被剥夺了与母亲接触和与其他猴子社交接触的权利后，会出现不正常的应力标示图，变成暴力反社会者。

普莱斯考特还跟进了这些研究，对基于后代抚养方式的人类文化进行了评估。他发现，如果一种社会文化提倡与孩子有身体接触，搂抱孩子，爱孩子，不抑制性行为，那么这种文化是和平的。和平文化的特色是：父母和孩子保持广泛的身体接触，例如整天把孩子抱在胸前，背在背上。相反，如果一个社会剥夺了婴儿、儿童与成人广泛接触的权利，则这个社会的文化在本质上不可避免带有暴力性。这两种文化中的人的区别之一是，许多未能受到触摸的孩子患有情感障碍。这种障碍的特征是无力生理性地抑制应激激素的高涨水平。而这种无力，正是暴力事件的先兆。

这些发现为充斥全美的暴力提供了深入见解。我们现在的媒体和心理治疗不提倡身体亲密接触，反而经常阻止这些行为。例如，在分娩这一自然过程中，医生进行不自然干预，把未满月的婴儿与父母长期分开，放到陌生冷淡的婴儿室，并建议父母不要对婴儿的哭声做出反应，以免溺爱他们。这些医疗实践自认为是建立在“科学”的基础上，但却毫无疑问地助长了我们文明中的暴力。

但是，有些罗马尼亚儿童出身于贫瘠的环境，却又成长为一位研究员所称的“自强奇才”。这一现象又如何解释呢？为什么有的儿童在那样的环境中仍能茁壮健康地成长？因为他们有“更好的”基因吗？现在你已经知道，我不相信这种说法。更有可能的是，在产前和围产期，这些自强奇才的生身父母在孩子发育关键时期为他们提供了更适合培育的环境以及良好的营养。

养父母应当吸取的教训是,不应当认为孩子的生活开始于他们来到新环境之时。他们的孩子可能已经被亲生父母编译了一个信念:他们不被需要,不值得爱。如果幸运一点,他们也许曾在发育的关键年龄从监护人那儿得到过积极的、坚定的生活观念。如果养父母不知道产前和围产期编译,他们可能不能明智地处理领养后的问题。他们可能不会意识到,他们的孩子来到他们家时并不是"白纸一张";就像新生婴儿呱呱坠地时也不是,他们受到了母亲子宫内九个月生活的影响。最好能认识到那种编译作用,并且,如果必要的话,着手改变它。

无论对养父母还是非养父母,有一个信息是明确的:孩子的基因仅仅反映他们的潜力,而不是他们的命运。是否要提供合适的环境以把他们的潜力发挥到极致,这一切都取决于你。

请注意,我没有说是取决于父母读很多育儿书籍。我遇到过很多人,他们从理智上被我在本书中提出的观点所吸引,但理智上的兴趣并不够。我自己曾经试过。我从理智上意识到这本书所说的一切,但在我努力改变之前,这种意识对我的生活没有任何影响。如果你只是读了这本书就认为你的生活和你孩子的生活会有所改变,那就相当于拿着最新出产的药丸,期望它会"修复"一切。若不付出改变的努力,则任何人都不会被修复。

这是我对你提出的挑战:抛弃莫须有的恐惧,并注意不要把无必要的恐惧和限制性信念灌输到你孩子的潜意识心灵中。我向我们中的大部分人呼吁:请不要接受遗传决定论的宿命论信息。你可以帮助孩子实现他们的潜力,能够改变他们的个人生活。你并不是被你的基因"卡住了"。

请留心细胞成长和保护的教训；只要有可能，就把你的生命转入到生长状态。请记住，对于人类，最强有力的生长促进剂不是最好的学校、最大的玩具，或薪酬最高的工作。早在细胞生物学建立和罗马尼亚儿童研究发生之前，有意识的父母和鲁米这样的先知就知道，对人类的婴儿和成人，最好的生长促进剂是爱。

没有爱的人生微不足道
爱是生命之水
用心和灵魂饮下它

后记

精神和科学

我们所能体验的最美丽、最深奥的情感是神秘感。神秘感是一切真正科学的播种机。

——阿尔伯特·爱因斯坦

从第一章开始到现在，我们已经取得了很大的进展。那时，我还面对着惊慌失措的学生，刚刚踏上新生物学旅程。但自始至终，我都没有从第一章介绍的主题游离得太远——那即是：聪明的细胞能教会我们如何生活。现在，我们已经处于本书的末尾，我想说说细胞研究如何把我变成一个相信精神力量的人。我还要解释为何我对地球的命运很乐观，虽然我承认，要是每天都读报的话，那种乐观有时候很难坚持下去。

我把这一部分定位为后记，目的是要明确地把对精神和科学的讨论与此书前面的章节分开。后记通常是作品结束处一个简短的部分，详述作品人物的命运……我的后记也是如此。二十年前，当写这本书的念头首次进入我脑海中时，我在这个念头中看到了一些东西。这些东西深刻无比，立刻就改变了我的生活。在我大叫“啊哈”的第一瞬间，我的心智完全陶醉于我新近拟想到的细胞膜机制的美。随后，我臣服于深广无边的欢乐，我感到一阵心痛，眼泪夺眶而出。新科学的机制揭示出我们精神本质的存在，揭示了我们的永生不灭。对我来说，这一结论确切而清晰，我立刻从一个无信仰者变成了一个精神力量的信徒。

我知道，有些人会觉得，我将在本部分中提出的结论推测性太强了。本书前面章节得出的结论都以四分之一个世纪的克隆细胞研究为基础，立足于令人震惊的新发现，这些发现正在改写人类对生命秘密的理解。这篇后记中提出的结论同样也基于我的科学研究——它们并非起源于一时兴起的宗教信仰。我知道，墨守成规的科学家可能会对我的结论退避三舍，因为它们涉及到精神力量。但基于两个原因，我很自信地提出它们。

第一个原因是一个称为“奥康姆的剃刀”①的哲学和科学法则。这一法则认为，当有若干种假设被提出来以解释某种现象时，能说明大部分观察结果且最简单的假设便是最可能的假设，应当最先被考虑。神奇的细胞膜—大脑结合量子物理学原理而形成的新科学，提供了最简单的解释。这一解释不仅说明了对抗疗法的科学性，也证明了补充疗法、精神治疗理论和实践的科学性。多年来，我亲身应用我在本书中提出的科学原理，因此我能证明：它确有改变生活的力量。

然而，我承认，虽然是科学把我引领到令人愉悦的发现时刻，但这种经历与神秘主义者描述的瞬时转换颇为类似。还记

① 奥康姆的剃刀（Occam's razor）的原则认为，在解释某事时若无必要，则不应做太多臆断。

得吗，圣经故事里面，扫罗被一个闪电从马上击落下来？在我的经历中，并没有从加勒比上空来的闪电。但是，我依然两眼放光地狂奔到医学院图书馆，因为凌晨时分"下载"到我潜意识心灵中的细胞膜的本质使我相信，我们是不朽的，是独立于肉体的精神性存在。我听到了内心深处一个无可否认的声音，它告诉我，我所过的生活不仅基于"基因控制生理"这样一个错误前提，而且基于另一个错误前提——人随着肉体死亡而终结。我曾花费数年研究人体内的分子控制机制；在那个惊人的瞬间，我猛然意识到，支配生命活动的蛋白质"开关"主要是由从环境——宇宙——中来的信号来开启、关闭的。

你可能会感到惊讶，引领我走向那个精神顿悟时刻的居然是科学。在科学界，"精神"一词备受冷落，正如"进化"一词被原教旨主义者打入冷宫一样。

众所周知，精神论者和科学家处理生活问题的方法大相径庭。当精神论者的生活出现麻烦时，他们祈求上帝或其他无形的力量，以获得解脱。而当科学家的生活出现异常，他们则跑到药箱去找化学物品。只有 Rolaids① 这样的药物才能令他们减轻痛苦。

科学引领我得到精神顿悟的事实并不奇怪，因为最新的物理学发现和细胞研究成果正在为科学和精神世界之间铸造新的链接。在几个世纪之前的笛卡尔时代，这两个世界被完全割裂开来。然而，我真心相信，只有当精神和科学重新统一，我们才能找到创造更美好世界的方法。

---

① Rolaids 是一种胃药。

选择的时刻

最新科学研究引导出的世界观和最原始文明所持的世界观并无不同：自然中的每个实物都被认为拥有一个灵魂。在少数澳洲土著幸存者的信念中，宇宙仍然是一个整体。土著文化中对岩石、空气和人类不作惯常的区别，所有一切都渗透着精神，充满着无形的能量。这听起来是不是有些耳熟？这是一个量子物理学的世界，在此世界中，物质和能量完全纠结，不可分离。这是一个我曾在第一章中说过的盖亚的世界，在此世界中整个星球被认为是一个活着的、呼吸着的生物体，它需要保护，以免遭人类的贪婪、无知和规划不当之害。

我们从来不曾如此迫切地需要对这样一种世界观深入洞察。当科学与精神决裂时，科学的使命就急剧改变。现代科学不去努力了解“自然法则”以使人类可以与自然和谐共处，而是把目标定位为控制和支配自然。贯彻这种哲学而发展出来的技术已经破坏了自然的网络，把人类文明带到了自燃的边缘。地球生物圈的进化曾被五次“集群绝灭”打断，包括灭绝恐龙的那次。每次绝灭几乎都把地球上所有的生物扫荡一空。我在第一章中说过，有些研究人员相信，人类正在“努力制造”第六次集群绝灭。其他几次绝灭都是由星系力量造成的，例如彗星。但未来这次绝灭的罪魁祸首，却是我们更熟悉的力量——人类。当你坐在门廊上看日落时，请注意它壮丽的颜色。天空中的美景反映的是空气的污染。当世界更趋衰变时，地球肯定会展示更壮美的光线图景。

同时，我们所过的生活缺乏道德约束。现代世界已经把精神追求转变成物质积累大战。谁玩具最多，谁就是赢家。科学家和技术专家把我们带进这个冷漠无情的世界；我最喜欢用迪斯尼电影《幻想曲》来描述他们的形象。还记得影片中倒霉的米老鼠吗？他做了神通广大的魔术师的学徒。魔术师离开时，命令米老鼠做实验室的杂活。其中一项工作是从附近的水井中打水，把一个巨大的蓄水箱填满。之前，米老鼠一直在偷看魔术师施魔法，因此，他便向扫帚念咒语，让扫帚变成仆人去打水，而自己则在一旁偷懒。

当米老鼠睡得正香时，自动打水的扫帚仆人灌满了水池。水溢出来了，实验室水漫金山。米老鼠醒来后，试图阻止扫帚，但他对魔法所知有限，结果失败了，情况变得更糟糕。大水继续泛滥，直到魔术师返回，命令扫帚安静下来，一切才恢复正常。电影中这样描写米老鼠的困境："这个曲子描述的是魔法师的学徒。这个学徒冰雪聪明，且求知若渴。事实证明，他聪明得过头了，因为他还没有学会控制魔法，就开始运用从师傅那儿偷学来的小把戏，结果聪明反被聪明误。"今日的科学家们就像聪明过头的米老鼠，在尚未知晓地球上所有事物的互相联系时，便开始对基因和环境"胡作非为"——这种行为注定要有悲剧性的结果。

我们是如何沦落至此的？曾经有过一段时间，科学家必须和精神决裂，或者至少和被教会腐蚀的精神决裂。教会这个滥施淫威的机构致力于查封所有与教条相悖的科学发现。尼古拉斯·哥白尼，这个深谋远虑的政治家和颇具天赋的天文学家，公开发表了影响深远的《天体运行论》手稿，发起了精神/科学分裂运动。这本1543年发表的著作大胆地宣称,太阳才是"天体"的中心,而不是地球。这在今天显而易见,但在哥白尼时代,却是异端邪说,因为他的新宇宙学观点与"永远正确"的教会背道而驰——教会宣称,地球是上帝创造的宇宙的中心。哥白尼深知宗教裁判所的异端审问会将他和他的学说置于死地,因此,他谨慎地等到弥留之际才发表其著作。哥白尼对自身安全的担心是完全有道理的。五十七年之后,乔丹诺·布鲁诺,圣多米尼加修道院的一个僧侣,冒冒失失地公开捍卫哥白尼的新宇宙学说,结果因大逆不道之论被烧死在火刑柱上。哥白尼以智谋打败了教会——要折磨一个已经入土为安的知识分子是很难的。因为无法杀死散播学说的哥白尼,教会最终只好设法对付哥白尼散播的学说。

一个世纪后,法国数学家、哲学家勒奈·笛卡尔坚持用科学方法论来检验所有之前公认的"真理"的正确性。精神世界的隐形力量明显不适合于那种分析方法。在后变革时代,科学家们受到鼓励,纷纷投身于对自然世界的研究,而精神"真理"则被流放到宗教和形而上学领域。精神及其他形而上学概念被贬低为"不科学",因为它们的真理性无法用科学分析法评估。而关于生命和宇宙的重要"道理",则成为理性科学家的研究范畴。

如果说精神与科学的决裂还需要更多强化措施,1859年引起轩然大波的达尔文进化论便是。达尔文的理论在全球传播,速度之快,不亚于今日的网络谣言。它被人们欣然接受,因为其定理与人们养育宠物、照看动物和植物的经验吻合。达尔文主义把人类起源归因于遗传变异的偶然事件,这意味着,人类的生活和科学都无需借助神力的干预。现代科学家对宇宙的敬畏程度绝不亚于先行的神职人员与科学家,但有达尔文理论在手,他们不再把上帝之手顶礼膜拜为自然复杂法则的伟大“缔造者”。卓越的进化论者恩斯特·迈尔①写道:“当问及尽善尽美的自然如何成形时,我们似乎只发现任意性、无计划性、随机性和意外事件……”

达尔文理论具体说明了生命斗争的目的就是生存,但没有具体说明为了获得生存结果应当运用哪种手段。显然,在实际斗争中,“可以不择手段”,因为目标仅仅就是存活——所以任何方法都可行。新达尔文主义者迈尔们不是用道德法则来拟定生命的特征,而是提出,人类是按照丛林法则来生活。新达尔文主义结论的本质是:一个人拥有很多,是因为他值得拥有这么多。在西方,以“富人”和“穷人”为典型特征的文明的必然性,已经被广泛接受。我们不想面对这样的现实:世上一切均有明码标价。但不幸的是,除了千疮百孔的地球,这还包括了无家可归者、为我们缝制牛仔服的童工……他们是这场斗争中的失败者。

人类按照宇宙的形象被创造

在加勒比的那个清晨,我意识到,在我们这个达尔文主义的世界,甚至“赢家”也是失败者,因为我们与更大的宇宙/上帝是

① 恩斯特·迈尔(Ernst Mayr,1904—2005),进化生物学家、鸟类学家。达尔文的忠实拥护者,创办并主编《进化》杂志。

合为一体的。当细胞大脑——细胞膜对环境信号作出反应时，细胞便进行某种行为。事实上，人体内的每个功能性蛋白质都是作为某个环境信号的互补“形象”而生的。一个蛋白质如果没有互补信号与之匹配，就无法发挥功能。这意味着，正如我在那个“啊哈”时刻顿悟到的，我们体内的每个蛋白质都是环境中某个事物的物理/电磁补充物。因为我们是由蛋白质组成的机器，因此，就本身而言，我们是按照环境的形象被创造的。那个环境便是宇宙，或者对许多人而言，是上帝。

回归赢家输家的话题。因为人类作为周围环境的互补物而进化发展，如果我们过度改变环境，我们将不再对它具有互补性……我们将不再“适合”环境。在当前，人类急剧地改变地球，威胁其他生物的生存，导致它们迅速消失，同时也威胁我们自身的生存。这种威胁涉及的既有身为“赢家”，腰缠万贯的名车车主、快餐巨头，也有在这场生存斗争中沦为“失败者”的赤贫劳工。要走出这个两难困局，只有两种选择：死去，或者突变。当我们为了售卖麦当劳巨无霸大量毁灭热带雨林的时候，当数量惊人的汽车尾气排放到空气中的时候，当石化工业侵蚀地球污染水源的时候，我想，我们应该认真思考“死亡或突变”的问题。我们是为适应自然环境而生的，但这个环境不是我们正在制造的环境。

我从细胞身上学到，我们是整体的一部分，如果忘记这一点，便会自讨苦吃。但是我同样认识到，我们每个人都有一个独特的生理身份。为什么？是什么让每个人的细胞群落独一无二？在我们细胞的表面有一种身份受体蛋白，是它们把一个人与其他人区分开来。

这种受体蛋白的一个子集已被深入研究，称为自我受体，或称人类白细胞抗原(HLA)，它与免疫系统的功能相关。如果你的自我受体被移除，则你的细胞将不再反映你的身份。这些缺失自我受体的细胞仍将是人类细胞，但因失去身份，它们将仅仅只是一般性人类细胞。如果把属于你自己的那一套自我蛋白放回到细胞中，那么它们又将重新开始反映你的身份。

当你捐献器官时，你的自我受体和器官接受者的受体匹配得越密切，接受者免疫系统发起的排斥反应的危害便愈小。例如，假定每个细胞表面有一百个不同的自我受体，这套自我受体被用于鉴别你的个人身份。为了存活，你需要接受器官移植。把我的那套一百个自我受体和你的自我受体相比较，结果显示，我们仅有十分之一的受体是匹配的。那么，对你来说，我不是一个合适的器官捐献者。我们的自我受体的性质很不相同，这显示出我们的身份是截然不同的。细胞膜受体的巨大差别会调动你的免疫系统，使它转变成一个消灭异体(即非自我的)移植细胞的超级驱动。如果能找到一个自我受体与你更密切匹配的捐献者，那么成功机会将会更大。

然而，在寻找更适合的捐献者时，你不会找到百分之百匹配的完美捐献者。迄今为止，科学家从未发现两个生理上完全相同的个体。不过，从理论上来说，如果移除细胞的自我受体，则创造通用的捐献组织是可能的，虽然科学家尚未开始实验。在那样一个实验中，细胞会失去身份。缺失自我受体的细胞并不会受到排斥。虽然科学家关注的是这些免疫相关受体的性质，但有一点很重要，即赋予个体以独特身份的不是蛋白受体，而是激活受体的物质。每个细胞都有一套独一无二的身份受体，它们位于细胞膜外表面,充当“天线”,下载互补环境信号。这些身份受体把一个个信号读取为“自我”,这个信号不存在于细胞内部,而是从外部环境进入细胞内部。

让我们把人体想象成一台电视机。你是电视屏幕上的图像。但你这个图像并非来自于电视机内部。你的身份是一个由环境播送的信号,通过天线被接收。有一天,你打开电视机,显像管烧掉了。你的第一反应会是:“咦,怎么回事?电视机坏了?”但是,电视机坏了,是否图像也一起坏了?为了回答这个问题,你可以找到另外一台电视机,插上插头,打开开关,调到显像管烧掉之前你所看的频道。事实会证明,虽然第一台电视机已经“死了”,但图像依然在播送。作为接收器的电视机已经坏了,但这丝毫无损于来自环境中的身份信号的播送。

在上面的比喻中,身体电视机就相当于细胞。下载广播信号的电视机天线代表我们的整套身份确认受体,而广播则代表一个环境信号。我们整天都在牛顿学说的物质性世界中奔忙,因此我们一开始可能会假设,细胞的蛋白受体本身就是“自我”。这种看法相当于把电视机天线误认为广播信号的来源。细胞的受体并不是其身份的来源,而是“自我”从环境中被下载时所用的运载工具。

充分理解了这种关系之后,我意识到,不管我身在何处,我的身份,即我的“自我”,都存在于环境中。正如在电视机的比方中一样,如果我的肉体死亡,在未来会有一个新的个体(生物“电视机”)诞生。这个新个体将有一套一模一样的身份受体,将会下载“我”,我将再现于世上。我的肉体死亡,但播送信号依然存在。我的身份是一个复杂的印记,包含在集体组成环境的巨量信息中。

人体死亡后个人广播依然存在的观点，得到了来自于一个移植器官接受者的佐证。这个病人说，接受了新的器官后，行为和心理变化也随之发生了。这位病人叫克莱尔·西尔维娅，是一个保守的注重健康的新英格兰人。她吃惊地发现，在心肺移植手术后，她对啤酒、鸡块和摩托车产生了爱好。西尔维娅和器官捐献者的家人交谈后得知，她的心脏来自于一个喜爱鸡块和啤酒的十八岁的摩托车发烧友。在她的《心脏置换》一书中，西尔维娅讲述了她的自身转变经历，也讲述了她的移植支持小组中其他病人的类似经历。保罗·P·皮斯奥在其《心脏密码：轻敲心脏能量的智慧和力量》一书中写了许多其他的同类故事。伴随移植而来的记忆的精准程度无法用偶然或巧合来解释。一个女孩在接受移植心脏后开始做被谋杀的噩梦。她的梦异常生动清晰，最后，人们根据梦境找到了谋杀器官捐献者的凶手。

这些新行为究竟是如何跟随器官一同被移植到移植器官接受者身上的？关于这点，有一个理论是"细胞记忆"。这种观点认为，记忆是以某种方式嵌入在细胞中的。大家知道我对单细胞的智能无限敬佩，但我现在必须划清界限。是的，细胞能"记得"它们是肌肉细胞还是肝细胞，但它们的智能毕竟有限。细胞从生理上被赋予了知觉机制，能区分和牢记鸡块味道？我不相信！

如果我们认识到移植器官仍然携带着器官捐献者原本的身份受体，且仍在下载同样的环境信息，则心理和行为记忆的说法是有道理的。虽然捐赠器官的人的身体已经死亡，但这些器官的信号播送仍在进行。在冥思苦想细胞膜机制时的顿悟瞬间我意识到，这些信号是永生不灭的。我相信，我们也都是永生不灭的。

细胞与器官移植不仅为永生不朽提供了一个模型，也为轮回转世提供了模型。试想，未来的某个胚胎拥有一套与我现在所拥有的一模一样的身份受体，那个胚胎会变成我的“自我”。我的身份又重现了，只不过是通过另外一个身体来展示的。你的受体可能会依附在任意一个白人、黑人、亚洲人、男人或女人身上。想到这一点，你就会发现，性别歧视和种族歧视很愚蠢、很不道德。因为环境代表“一切万有”（上帝），而我们的受体天线仅仅下载整个频谱中一个狭窄的波段，我们都只代表整体中一个很小的部分——上帝的一个小小部分。

地球着陆器

电视机的比喻是有用的，但不是一个完美的比喻，因为电视机只是一个回放装置。在我们的生命过程中，我们的所作所为会改变环境。仅仅因为存在，我们就改变了环境。因此，要理解人类与精神的关系，一个更好的方法是把人比喻为登陆火星的“精神号”和“机遇号”[①]，或美国航空航天局（NASA）发射到月球和火星上的其他着陆器。人类尚不能亲身拜访火星，但我们真心想知道登上火星的滋味。因此，我们把相当于人类探索者的着陆器发射上去。虽然火星漫游者在身体构造上并不像人，但

① “精神号”（Spirit）和“机遇号”（Opportunity）由美国航空航天局发射，2004 年 1 月在火星上成功着陆。

它们具有人类机能。这些飞行器上的照相机是“眼睛”,能看到地球的图景。它们携带的震动探测器是“耳朵”,能听到地球的声音。它们带有的化学感测器能“品尝”地球,等等。因此,着陆器设计之时便带有探测器,以便能以人类体验地球的方式去体验火星。

但是,且让我们更近距离地看看这些火星着陆器如何工作。着陆器有天线(受体),能被人类以 NASA 控制器的形式调频,以接受信息播送。属地的控制器实际上在发送激活火星着陆器的信息。NASA 控制器同时也受教于着陆器,因为这些工具把它们的火星经历信息传送回地球。NASA 控制器转译关于着陆器经历的信息,然后应用这些新的认知来更精准地描绘火星的地形。

你我就像“地球着陆器”,从一个环境控制器/精神那儿接收信息。当我们活着时,我们对世界的体验被传回那个控制器——我们的精神。因此,个人的生命特征会影响个人的“自我”特征。这种互相作用正与因果报应的概念相符合。了解这一点之后,我们就必须非常注意我们在此星球上的生活,因为我们生命的结果比我们身体延续的时间更长久。我们生前的作为会回来对我们鬼魂附身,或者缠住我们自己的未来版本。

对细胞的这些深刻认识最终强调了古往今来精神导师们的智慧睿智。我们每个人都是一个包含在物质形式内的精神存在。光与三棱镜互相作用的方式,形象地说明了这种精神真实性。

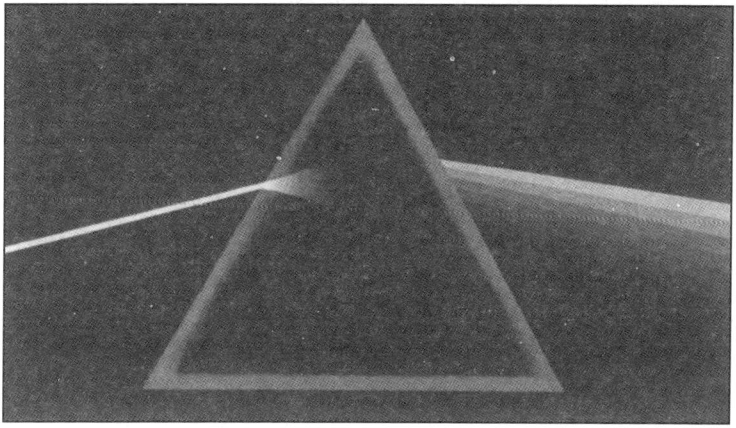

当一束白光穿过三棱镜时，三棱镜的晶体结构对出口的光进行折射，因此它显出一个彩虹光谱。每种颜色虽然都是白光的一个组成部分，但因其独特的频率而单独可见。如果你倒转这个过程，将彩虹光谱投射到晶体中，这些单独的频率就会合为一体，形成一束白光。请把每个人的身份看成彩虹光谱中一个单独的彩色频率。如果我们因为不"喜欢"某种特定的频率或颜色，便专横地消除它，然后把剩下的频率通过三棱镜回放，则出口处的光束将不再是白光。很显然，白光是由所有频率共同组成的。

许多精神信仰人士都期盼白光，那"公正无私的裁判者"，会重返地球。他们想象，它会化身为一个特殊个体而来，例如菩萨、耶稣或穆罕默德。然而，根据我新近获得的精神领悟，我明白，仅当每个人都将其他每个人认同为白光中一个单独的频率时，那白光才会重回地球。如果我们继续消灭或贬低那些我们不喜欢的人，即毁灭光谱中的某些频率，我们就不可能体验白光的重返。若期望白光重返,我们要做的,是保护和培育每个个人频率。

分形进化——我们可与之共存的理论

我已解释过为何我现在是一个相信精神的科学家。现在我想解释为何我还是一个乐观主义者。我相信,进化的故事就是重复模式的故事。我们处于一个危机关头,但地球一直都存在。进化曾不时被剧变打断,这些剧变几乎摧毁了当时所有的物种,包括最为人熟知的受害者——恐龙。那些剧变都与环境灾难直接相关,我们现在的危机也是。随着人口的增加,我们开始和地球上的其他生物争夺生存空间。但是,好消息是,类似的压力在过去催生了新的生活方式,未来也必将如此。我们正在终结一个进化周期,准备开始下一个周期。当这个周期进入尾声时,人类因支撑文明的结构体系的失灵而变得忧心忡忡、担惊受怕,而这些忧惧都不无道理。然而,我相信,当前正横行于自然的"恐龙"将会灭绝。那些认识到我们现在自私轻率的做法将会毁灭地球、毁灭我们自身的有识之士,才会是幸存者。

为何我如此肯定?我的把握来自于我对分形几何的研究。有一个几何定义,它解释了为何研究我们生物圈的结构如此重要。几何是对"某物的不同部分彼此关联及组合在一起的方式"的数学评估。到1975年为止,惟一可供研究的几何是欧几里得几何学,它被总结在写于公元前300年左右的十三卷的古希腊文本《欧几里得元素论》中。对于空间导向的学生,欧几里得几何学很容易理解,因为它涉及的都是能被绘制在坐标纸上的结构,如立方体、球体和锥体。

然而,欧几里得几何学不能应用于自然。例如,你不能用欧几里得几何学的数学公式来绘制树、云朵或山脉。在自然界中,大多数有机或无机的结构都呈现出更不规则和更杂乱的模式。要绘制这些自然形象,必须利用最近创建的名为分形几何的数学。法国数学家伯努瓦·芒德布罗在1975年开拓了分形数学和分形几何的新领域。像量子物理学一样,分形(分形的)几何学迫使我们考虑那些不规则的模式,一个由维数多于三维的弯曲形状和物体所组成的光怪陆离的世界。

分形的数学简单得令人吃惊,因为你只需要一个方程式,而这个方程式仅仅用到简单的乘法和加法。然后,同一个方程式无限重复。例如,“芒德布罗集”便是基于简单的公式:取一个数,与它自己相乘,再把乘积与原来的数相加;然后,取这个方程式的结果,作为下一个方程式的输入值;第二个方程式的结果又用作下一个方程式的输入值,如此往复。困难在于,虽然每个方程式都遵循同一个公式,但这些方程式必须重复上百万次,才能使一个分形模式真实地形象化。完成上百万次方程式所需要的人力和时间过大,阻止了数学家们认识到分形几何学的价值。随着强大计算机的问世,芒德布罗才能定义这种新数学。

随分形几何而生的是互相嵌套的、永远重复的“自我相似”模式的创建。想象一下那永不过时的手绘俄罗斯嵌套娃娃,就能对重复形状有一个粗略概念。每个小结构都是更大形状的微缩版本,但不一定是一模一样的版本。分形几何强调整体结构中的各个模式与从结构的各部分所看到的模式之间的关系。例如,从树枝上的分支的模式外形上看,很像从树干上分出来的大枝的模式。一条大河的模式看起来像它的小支流的模式。在人类的肺部,支气管分支的分形模式在更小的细支气管中重复。动脉和静脉血管以及周围神经系统同样显示出类似的重复模式。

从自然中观察到的重复图像难道仅仅是巧合吗?我相信,答案是斩钉截铁的"不"。为解释我为何相信分形几何描绘了生命结构的形状,让我们来重温两点。

第一点,如我在本书中多次强调过的,进化的故事就是向更高级知觉攀升的故事。第二点,在我们对细胞膜的研究中,我们把受体—效应蛋白复合体(内在蛋白膜)定义为知觉/智能的基础单位。因此,一个生物体拥有的受体—效应蛋白(我们面包黄油三明治模型中的橄榄)越多,它的知觉便越多,它在进化阶梯上的地位也越高。

然而,能挤进细胞膜内的受体—效应蛋白的数量增长有个物理性限制。细胞膜的厚度为七至八纳米,这是其磷脂双层的直径。受体—效应"知觉"蛋白的平均直径与它们所安身其中的磷脂的直径大致相同。因为细胞膜的厚度有严格限制,你不可能把许多内在蛋白膜一个个堆叠起来,都塞进到细胞膜内。所以,要增加认知蛋白的数量,惟一的选择是增加细胞膜的表面积。

让我们回到我们的细胞膜"三明治"模型。更多的橄榄表示更多的认知——橄榄越多,三明治就越聪明。一片鸡尾黑麦面包和一大块酸面团,哪个有更大的智能容量?答案很简单:面包片的表面积越大,就能容纳越多可放进三明治的橄榄。把这个比喻和生物知觉联系起来,细胞的细胞膜表面积越大,它能容纳的蛋白质“橄榄”就越多。进化,知觉的扩张,从物理上可被定义为细胞膜表面积的增长。数学研究已经发现,分形几何是在三维空间(细胞)内获取最大表面积(细胞膜)的最好方法。因此,进化成了一个分形的问题。自然中的重复模式是“分形”进化的必要条件,而非巧合事件。

我的本意并非要纠缠于建模的数学细节。自然中有重复分形模式,进化过程中也有。那些电脑生成描绘分形模式的美得出奇的图片应当提醒我们:虽然我们的世界有现代的焦虑和表面的混乱,但自然是有序的,太阳底下没有新鲜事。进化的重复分形模式使我们可预言:人类终将弄明白如何扩张其意识,以便在进化阶梯上更上一层楼。激动人心而高深莫测的分形几何世界提供了一个数学模型,这个模型表明,迈尔所写的“任意性、无计划性、随机性和意外事件”是过时的概念。事实上,我认为,这个观点对人类无益,应当尽快像哥白尼之前的“地球是宇宙中心”的学说一样,被扫进历史垃圾堆。

当我们认识到自然中和进化过程中都有重复的、有序的模式,则激发此书灵感、改变我个人生活的细胞生活就变得更富于启发性。亿万年来,细胞生命系统都在执行一种有效的、和平的计划,使它们能在提高自身生存能力的同时也提高生物圈中其他生物的存活能力。想象数以万亿计的个体生命以永远快乐的状态处于同一屋檐下。那样的群落的确存在——它就是健康的人体。显而易见,细胞群落运作得比人类群体要好——我们体内没有遭到遗弃的“无家可归”的细胞。当然,除非我们的细胞群落出现极端不和谐,导致有些细胞退出与群落的协作。癌细胞本质上就代表了无家可归、无事可干、以群落中其他细胞为食的细胞。

如果人类效仿健康细胞群落所呈现的生活方式,那么社会和地球将会更和平,更有活力。创建那样一个和平群体是一种挑战,因为每个人对世界都有不同的看法。因此,实质上,这个星球上有六十亿个人类版本的现实,每个版本都看到自己的真相。随着人口的增长,这些版本开始互相碰撞。

如第一章所述,在进化的早期,细胞面临过类似的难题。但是,这一点值得重复。地球形成不久后,单细胞生物体便迅速进化。成千上万的单细胞细菌、藻类、酵母菌和原生动物类的变种在随后的三十五亿年中出现了,每个变种都有不同水平的认知。那些单细胞生物体很可能像我们一样,开始看似失控的繁殖,使它们环境中的数目过量。它们开始互相碰撞,并盘算:我会得到足够的空间吗?对它们而言,那必定也是令人害怕的。面对新的强制性拥塞以及随之而生的环境改变,它们开始寻找应对压力的有效方法。那些压力导致了进化中一个辉煌的新时代:单细胞联合起来,形成利他性多细胞群落。最终的结果,是位于或接近进化阶梯顶端的人类的出现。

同样,我相信,不断增长的人口压力也会把我们推动到进化阶梯的新台阶上。我相信,我们将会凝聚为一个全球性群体。那个开明群体的成员将会认同我们是按照环境的形象而生的,即我们是神圣的,我们必须携手合作,不以适者生存的方式,而是用一种可帮助地球上每个人、每种事物共同提升的方式。

最有爱心者生存

你可能认同鲁米关于爱的力量的文字是崇高的，但如果说在这个用“适者生存”形容更恰当的纷扰乱世中它们也适用，你可能不相信。难道达尔文的“暴力处于生命核心”的说法不对吗？难道暴力不是自然世界之道？那些记录了动物之间互相恐吓、互设陷阱、互相残杀的文献，又该如何解释？人类不是天生就有暴力倾向吗？从逻辑上说：动物是暴力的，人类是动物，所以人类是暴力的。

不！人类并非陷于天生的、恶性竞争的本性而“不能自拔”，正如我们并非无法摆脱使我们生病或充满暴力的基因。基因上最接近人类的黑猩猩证明，暴力并非生物学中的一个必要部分。黑猩猩的一种，倭黑猩猩，由雄性和雌性共同统治，建立和平的群体。不同于其他种类的黑猩猩，倭黑猩猩群体的运作靠的不是以暴力驱动的行为准则，而是一种被描述为“做爱不作战”的准则。当群体中的黑猩猩被激怒时，它们不是投身于血腥战斗；相反，它们通过交配来驱散引起不和的能量。

斯坦福大学的生物学家罗伯特·萨波尔斯基和丽莎·歇尔的最新研究发现，甚至是地球上最富攻击性的动物之一的野生狒狒，也并非因基因而天生具有暴力性。在一个研究充分的狒狒部落，好斗的雄性狒狒因吃了从旅游区垃圾坑中捡来的腐肉而死光了。紧接它们死亡之后，狒狒部落的社会结构被改造了。研究表明，雌性狒狒帮助引导剩下的那些没那么好斗的雄性展开协作性行为，从而建立一个特别和平的群体。在发表斯坦福大学研究结果的《科学公共图书馆——生物学》同期刊物上，埃默里大学的黑猩猩研究员弗兰斯·狄瓦尔写道："甚至是最凶猛的灵长类动物也不需要永远使用暴力方式。"

此外，无论你看过多少集《国家地理》特别节目，都看不到人类有自相残杀的必要性。我们高居于捕食者/猎物食物链的顶点。我们必须靠捕食生物体系中更低层次的生物才能存活，但我们不是食物链中更高端生物的猎取目标。因为没有天敌，人类得以免于成为"猎物"，免于遭受这一词语所暗含的暴力。

当然，这并不意味着人类可以逍遥于自然法则之外。因为，归根到底，人类也是会被吃掉的。我们都会死，在死后，我们可能会希望，在经过了长长的没有暴力的生命之后，我们的遗骸会被消耗，反向循环到环境中。就像一条自环其尾的蛇一样，居于食物链顶端的人类最终将会被食物链最底层的生物——细菌——所吞噬。

但是在那条蛇环尾之前，我们可能过不上远离暴力的生活。虽然我们在食物链中高高在上，但我们最可怕的敌人是自己。我们比任何其他动物都更善于自相残杀。低级动物有时会窝里斗，但同物种生物中最有攻击性的交锋也不过是威胁性的姿态、声响和气味，而不是死亡。在人类以外的社会性族群中，种内暴力的首要原因是生存所需的空气、水和食物的争夺，或者繁殖所需的配偶选择。

相比之下，直接与求生相关的或配偶选择过程中的人类暴力少之又少。人类暴力更常与这些相联系：获取超乎生存所需的物质财富；分配和购买毒品，以逃避我们亲手创造的梦魇世界；代代相传的虐待儿童行为和虐待配偶行为……也许，最广泛也最隐蔽的人类暴力形式是意识形态控制。纵观历史便可发现,宗教运动和宗教政府周而复始地煽动其民众用侵略和暴力来对付反对者和无信仰者。

大多数人类暴力既非必要,亦非天生的、遗传的“动物性”生存技巧。我相信,阻止暴力既在我们能力之内,也是我们的进化使命。如我在本书最后一章所强调的,阻止暴力最好的方法,是认识到我们是精神的存在,我们像需要食物一样强烈地需要关爱。但这个想法本身并不能使我们进入到进化的下一步骤,正如仅通过阅读并不能改变孩子和自身的生活。请加入见地相同人士的群体,和他们一起认同“最有爱心者生存”是保证健康个人生活和健康地球的惟一行为准则,为推动人类文明的进步而努力工作。

还记得那些准备不足、不受重视的加勒比学生吗?他们像在生物学课程中研究的细胞一样,携手共进,创建了一个成功学生的团体。如果以他们为楷模,你肯定能帮助陷于自我破坏性信念泥沼的个人,和这个星球都获得好莱坞式的皆大欢喜结局。让我们利用细胞的智能来推动人类在进化阶梯上更进一级,在那一级上最有爱心的人不仅能生存,而且能兴旺发达。

补　遗

本书所揭示的科学理念，阐明了信念如何决定行为、基因活动及生命发展。“父母千万别闲着”一章中已经写道：大多数人还是孩提时，便不可避免地获得了限制性或自我毁灭性的信念，并把它们下载到潜意识中。

我在那一章中提到，有许多“能量”心理技巧，能利用最新的心灵—肉体研究，快速达到潜意识程序，并重编这些程序。本书结束前，我想对一种名为心理运动学（PSYCH - K）的能量心理技巧多说几句，因为我对它有亲身体验，且我对其完整性、简单性和有效性深信不疑。

1990 年，在一个研讨会上，我遇到了心理运动学的开山之祖罗布·威廉姆斯（Rob Williams）。我和他都是研讨会的发言人。我在发言结束时，如常地告诉听众：改变信念，便可改变人生。这是个老生常谈的结论，听者的反应我也很熟悉：“呃，布鲁斯，你说得没错。可是，怎样才能做到呢？”

那时，我尚未完全认识到潜意识心灵在改变过程中的关键作用。相反，在大部分情况下，我都只能提倡努力利用积极思维和意志力来战胜消极行为。然而，我自知，对于改变自己的个人生活，我其实收效甚少。我同样知道，当我提供这一解决方案时，整个讲堂的气氛便开始低落。看来，见多识广的听众已经像我一样试过意志力和积极思维,但所获甚微!

我回到座位上,抬起头来,发现下一位发言者是精神治疗医师罗布·威廉姆斯。这真是命中注定。罗布的开篇语便立刻引起了所有听众的浓厚兴趣。罗布介绍道,心理运动学能够改变长期存在的限制性信念,且仅需区区几分钟的时间。

然后,罗布问听众,是否有人愿意谈谈自己的困扰和问题。一位女士引起了我和罗布的注意。她犹豫不决地举起手,接着放下,然后又举起来。她的胆怯显露无余。当罗布问她的问题是什么时,她满脸通红,回答含糊不清。最后,罗布不得不走下讲台,和她一对一地小声商讨。接着,罗布告诉听众,这位女士的问题是“不敢在公共场合发言”。罗布回到讲台,这位女士迟疑地跟随着他。罗布请她面对近百人的听众,说说这个困扰她的问题。她再次紧张得几乎说不出话来。

罗布运用心理运动学的一种转变技巧,和那位女士共同努力了十分钟左右。接着,他再次问女士,她现在对于向听众说话有何感受。令人难以置信的变化发生了。这一次,她不但明显放松很多,而且开口对着听众说话,声音激动而充满自信。接下来的五分钟,这位女士占据了讲台,口若悬河,把所有与会者都惊得目瞪口呆。她太忘乎所以了,最后,罗布不得不请求她停止演讲,把她带回座位。然后,罗布才能完成自己的发言!

这位女士是一个年度会议的定期参加者,而我经常担任发言人,所以,我能亲身见证她在随后几年内令人惊叹的变化。她不但克服了对在公共场合说话的畏惧,而且积极组织社区演讲俱乐部。最后,她成为了一个屡获殊荣的公开演说者!这位女士的生活,在短短几分钟内便真正地改头换面了。在目睹这位女士瞬间转变后的十五年内，我还见过其他人应用心理运动学技巧，他们都迅速地提高了自信，改善了人际关系、经济状况和健康状态。

心理运动学技巧的运用过程简单、直接，并可验证。它利用肌肉测试（人体运动学）中的心灵/肉体结合点，进入自我限制性的潜意识心灵“档案”。这种方法我曾在加勒比那位学生手疗师的临时办公室发现过。它同样利用了左脑/右脑融合技巧来实现迅速而持久的改变。此外，心理运动学还把精神力量融入到改变过程中，就像我把精神力量融入到我对科学的理解中。利用肌肉测试，心理运动学能够进入到罗布所称的“超意识”心灵，确保这个人宣称的目标是安全、适当的。有了这些内置的安全措施作保障，则所有想从恐惧的阴影中逃到关爱的阳光下、从而主宰命运的人都可应用这种个人转变系统。

我在自己的生活中便运用心理运动学技巧。心理运动学帮助我摒弃自我限制性的信念，其中包括“我不能完成此书”的信念。这本书现在被你捧在手中，这一事实，便是心理运动学威力的一个明证！我也定期与罗布共同讲课。在我的发言结尾时，我不再倡导积极思维和意志力，而是高兴地把听众交给罗布。虽然本书是关于新生物学的，但我相信，心理运动学代表了迈向二十一世纪和之后的新心理学的重要一步。

致　谢

从触发科学灵感到本书问世，这期间发生了很多事情。在这段个人转变的美妙时光内，我在精神上和具体事件中都受到了神明的祝福和引导——他们是赐予我艺术灵感的神灵。我特别要感谢以下的各位，有了他们的帮助，才有这本书的存在。

科学之神：我要感谢科学领域的灵魂人物，因为我深知，是我身外的力量引导我，让我能把这个信息带给世界。我要把特别的祝福献给我的英雄们：让-巴普蒂斯特·莫奈·拉马克和阿尔伯特·爱因斯坦。因为他们的精神力量和科学成就改变了世界。

文学之神：就新生物学而写一本书的意向早在1985年便已产生，然而，直到2003年我遇到帕特里夏·A·金，这本书才得以写成。帕特里夏是旧金山湾区的一个自由作家，曾任《新闻周刊》记者，并担任该杂志的旧金山总编辑长达十年。我永远不会忘记我和她第一次会面的情形。那一次，我塞给她一卷卷的《新科学》阅读材料，令她应接不暇；随后，我又扔给她数不清的未完成手稿、一捆捆我之前写的文章、一个个塞满了教学录像的箱子和一叠叠科学资料复印件。她简直穷于应付了。

直到她驾车离开，我才想到，我交付给她的任务具有纪念性意义。帕特里夏没有受过正式的细胞生物学和物理学培训，但是在接受和理解新科学方面,她创造了奇迹。在很短的时间内,她不但学习了新生物学,而且甚至能详述新生物学话题。本书的清晰明确、有条不紊,完全得力于她整理、编辑、综合信息的高超技巧。

帕特里夏负责集中研究健康问题的图书项目、报纸和杂志故事,尤其是心灵—肉体药物研究、压力对疾病的作用的研究。她的作品见于许多出版物,如《洛杉矶时报》、西南航空公司的《精神》杂志和《共同点》杂志。她是一个土生土长的波士顿人,与先生哈罗德和女儿安娜住在马林。对于帕特里夏的努力,我深为赞赏,并感激不尽。我期待未来能有机会与她再度合作。

艺术之神:1980年,我离开学术界去“浪迹天涯”,出演名为《激光交响乐》的巡回摇滚音乐会。这一壮观的激光演出的灵魂人物是罗伯特·米勒。他是一个愿景艺术家和电脑制图天才。他仅有十几岁,但以其超出年龄的智慧汲取我所研究的新科学。最初他是我的学生,而后来则成为了我的“精神继承人”。几年前他就提出,无论本书何时面世,他都希望能设计封面。对此,我欣然同意。

柏布·米勒是华盛顿贝勒维光速设计公司[①]的合伙创始人兼创意总监。他和他的公司为全世界的科学博物馆和天文馆生产了备受赞誉的3D灯光和声效显示。1998年,在葡萄牙里斯本世界博览会上,他们在“海洋的脆弱生态”主题中演出的教育娱乐节目受到热烈追捧,每天都有一万六千名观众。

① 光速设计(Lightspeed Design)是研发3D投影显示技术的主要厂商之一。

音乐之神：从新科学的酝酿到本书完成，我一直都被“是乐队”[①]的音乐所鼓舞、激励，尤其是乐队主唱乔恩·安德森创作的歌词。“是乐队”的音乐显示了对新科学的深入认知和理解。“是乐队”的音乐道出了一个事实：我们都和光紧密相连。他们的歌曲强调：我们的经历、信念和梦想会塑造我们自己的生活，而且会影响我们后代的生活。我需要长篇累牍才能解释清楚的理念，“是乐队”用几行辛辣有力的歌词就能表达出来。你们真是好样的！

提到本书的问世，我还要衷心感谢纽约出版商。感谢你们拒绝了我的出书提议。没有你们的指手画脚，我才能写出我自己的书——而这正是我想做的。我要感谢爱之山产品公司为本书出版投入时间和资源。我要特别感谢作者出版合作公司的道森·丘吉尔。道森使我们得到这两个领域内最好的资源：自助出版体制提供的人事管理、大出版社提供的市场经验。感谢杰拉因·根德罗，感谢她对本书出版的支持，感谢她使本书引起道森的注意。还有谢丽·凯勒，我亲爱的朋友和公共关系专家，是她慷慨地投入时间，提供专业的编辑技巧。

感谢参与我授课、演讲、研讨会的所有学生和听众，是你们多年来一直锲而不舍地追问：“书呢？书呢？”好，好，书来了！我深深感谢你们不懈的激励。

我要向几位极其重要的导师致敬，他们为我的科学生涯提供了宝贵指导。首先，也是最重要的，是我的父亲伊莱。他赋予我以目标感，而且，同样重要的是，他鼓励我“跳出固有的思维模

① 是乐队（Yes）成立于1968年，主要人物是乔恩·安德森（Jon Anderson）。

式”。爸爸,谢谢你。

荣耀归于我的小学科学老师大卫·邦格勒斯道夫,是他把我领入细胞世界,点燃我的科学热情。向欧文·格尼斯堡博士致敬,他无微不至地呵护我,指导我的博士阶段学习。我将永远铭记我们所分享的科学爱好。

感谢西奥多·霍利斯博士(宾夕法尼亚大学);感谢克劳斯·本驰医学博士,病理学系系主任(斯坦福大学),第一个理解我“异端邪说”的“正宗”科学家。这些杰出的研究者在实验室内为我提供空间,鼓励、支持我深入研究本书中提出的各种观点。

1995 年,杰拉德·克拉姆,手疗师,生命手疗术西区学院的院长邀请我执教分形生物学。那正是我在新科学中的对口科目。我对杰拉德的支持非常感谢,是他把我领入到手疗法和补充疗法这个提升生命价值的新天地。

1985 年,在本书材料的第一次公开展示上,我遇到了英属哥伦比亚大学心理学系的荣誉副教授李·普洛斯博士。多年来,李都是本书中写及的新生物学的忠实支持者和重大贡献者。心理运动学的研发人、我的合作伙伴和受人尊敬的同事罗布·威廉姆斯,帮助把细胞科学和人类心理学桥接起来,为本书作出了不小贡献。

柯特·力士乐,手疗师,我的亲密朋友,一个哲学奇才。与他就科学与科学在文明中的角色的讨论,给我的生活带来了广阔认知和巨大乐趣。与西奥多·霍尔博士的合作,则使我见识到关于细胞进化史与人类文明史的密切关系的精彩见解和深刻领悟。

致 谢

我要衷心感谢桂格·布莱登精彩的科学洞见。对于本书出版,他也提出了建设性意见,并为本书拟写了极具吸引力的副标题。

以下各位亲爱的、值得信赖的朋友都阅读了本书,并提出了宝贵意见。他们的帮助对于本书问世功不可没。我要向他们中的每一位都表达谢意:特里·布尼奥,医学博士;大卫·张伯伦,博士;芭芭拉·芬代森,外贸硕士;谢丽·凯勒;玛丽·科瓦奇;艾伦·曼德;南希·玛丽;迈克尔·蒙蒂萨;特德·莫里森;罗伯特·米勒;苏珊·米勒;李·普洛斯,博士;柯特·力士乐,手疗师;克里斯汀·罗杰斯;威尔·史密斯;黛安娜·萨特;托马斯·维尔尼,医学博士;罗布·威廉姆斯;拉尼塔·威廉姆斯;唐娜·王尔德。

感谢我的姐姐玛莎和哥哥大卫的关爱和支持。大卫开玩笑说他"打破了暴力怪圈",变成了儿子埃里克斯的慈父良师。我因此而为他感到自豪。

多谢"精神 2000"公司的道格·帕克斯,他为本书提供了巨大的支持。道格一听到新生物学,就不遗余力地把这个信息向全世界传播。道格制作了教学录像和研讨会录像,拓宽了公众对于本书的认识,为寻求自我增值的人们开启了大门。谢谢你,亲爱的兄弟。

如果不对玛格丽特·霍顿致以最特别感谢,这篇致谢辞便会不完整。玛格丽特一直是我的幕后推动力,为本书的写作和出版立下汗马功劳。无论我写什么,说什么,亲爱的,都是出于对你的爱!

作者介绍

布鲁斯·利普顿博士是桥接与精神科学方面的蜚声国际的权威，新生物学的领军人物之一。他曾担任多个电视节目和广播节目的特邀演讲嘉宾，也是许多国际研讨会的主题发言人。

利普顿博士由细胞生物学家开始其科学生涯。1973 年，他从夏洛茨维尔的弗吉尼亚大学获得博士学位后，进入威斯康星大学医学院的解剖学系。利普顿博士的肌肉萎缩症研究、应用，克隆人类干细胞的研究都集中关注控制细胞行为的分子机制。利普顿博士与其同事埃德·舒尔茨博士共同开发的一项实验组织移植技术发表在《科学》杂志上，后来被作为人类遗传工程的一种新形式而采用。

1982 年，利普顿博士开始仔细检验量子物理学的原理，潜心思考如何将这些原理融合到他对细胞信息处理系统的理解中。随后，他提出了突破性的细胞膜研究。研究揭示，细胞的外层是一个等同于计算机芯片的器官，相当于细胞的大脑。他于 1987 年到 1992 年间在斯坦福大学医学院的研究揭示：通过细胞膜运作的环境能控制细胞的行为和生理，打开或关闭基因。他的发现与"基因控制生命"的既定科学观背道而驰，但却预言了当今一个最重要的科学研究领域——表观遗传学。源于表观遗传学研究的两个重要科学出版物定义了连接心灵与身体的分子通路。其他研究者后来发表的许多论文也都证实了利普顿博士提出的概念和观点。

利普顿博士独辟蹊径的科学方法同样也改变了他的个人生活。他对细胞生物学获得了深邃的理解，这种理解突出强调心灵支配身体机能的机制，暗示一种不朽精神的存在。他将科研心得应用到个人的生物学中，发现他的身体健康日渐改善，日常生活的质量与特征也大大提高。

利普顿博士一直致力于向公众传播其备受赞誉的医学院课程内容，最近更是成为广受欢迎的主题发言人和研习班授课人。他为传统医学、补充医学的专业人员及非专业人士讲课，讲授前沿科学及前沿科学如何与心灵—身体医学和精神原则吻合。成百上千的观众应用了他在授课中讨论的原理后，促进了精神、身体和心理安康；同时，这些佳话美谈也令他大受鼓舞。